山西省哲学社会科学规划课题资助 项目编号：2020YJ080

《西厢记》英译研究

西厢记

薛婧◎著

中国戏剧出版社
CHINA THEATRE PRESS

图书在版编目（CIP）数据

《西厢记》英译研究 / 薛婧著. — 北京：中国戏剧出版社，2022.8
ISBN 978-7-104-05262-3

Ⅰ. ①西… Ⅱ. ①薛… Ⅲ. ①《西厢记》—英语—文学翻译—研究 Ⅳ. ①H315.9 ②I207.37

中国版本图书馆 CIP 数据核字（2022）第 154219 号

《西厢记》英译研究

责任编辑： 张　霞
责任印制： 冯志强

出版发行： 中国戏剧出版社
出 版 人： 樊国宾
社　　址： 北京市西城区天宁寺前街 2 号国家音乐产业基地 L 座
邮　　编： 100055
网　　址： www.theatrebook.cn
电　　话： 010-63385980（总编室）　010-63381560（发行部）
传　　真： 010-63381560

读者服务： 010-63381560
邮购地址： 北京市西城区天宁寺前街 2 号国家音乐产业基地 L 座

印　　刷： 北京九州迅驰传媒文化有限公司
开　　本： 787mm×1092mm　1/16
印　　张： 13
字　　数： 180 千字
版　　次： 2022 年 8 月　北京第 1 版第 1 次印刷
书　　号： ISBN 978-7-104-05262-3
定　　价： 78.00 元

图 1　熊式一译《西厢记》(*The Romance of the Western Chamber*),
哥伦比亚大学出版社出版，1971 年二次印刷版本封面

图 2　熊式一《西厢记》译本内页崔莺莺画像

图 3　亨利 · 哈特英译《西厢记》(*The West Chamber*) 封面，
此为中国台北文星书店出版版本

The West Chamber

A MEDIEVAL DRAMA

西
廂
記

[THE TITLE IN IDEOGRAPHS]

Translated from the Original Chinese
With Notes

by

Henry H. Hart

(Author of *A Chinese Market*,
The Hundred Names, etc.)

Foreword by

EDWARD THOMAS WILLIAMS
Agassiz Professor of Oriental Languages
and Literature, Emeritus, University of California

图 4　亨利 · 哈特《西厢记》译本内页，有书法“西厢记”字样

图 5、图 6　赖恬昌与加马雷基安合译《西厢记》
（*The Romance of the Western Chamber*）的平装版和精装版封面

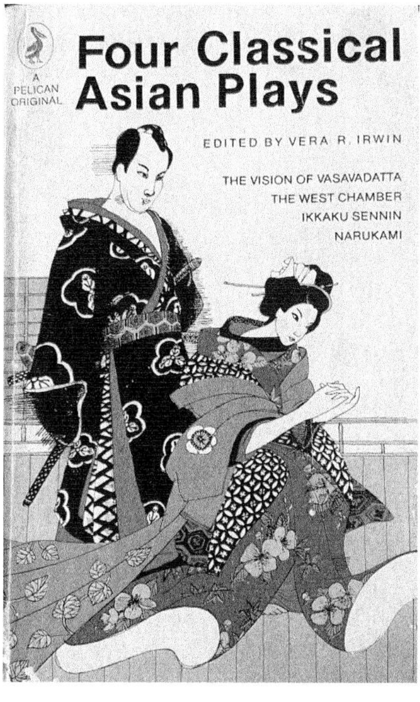

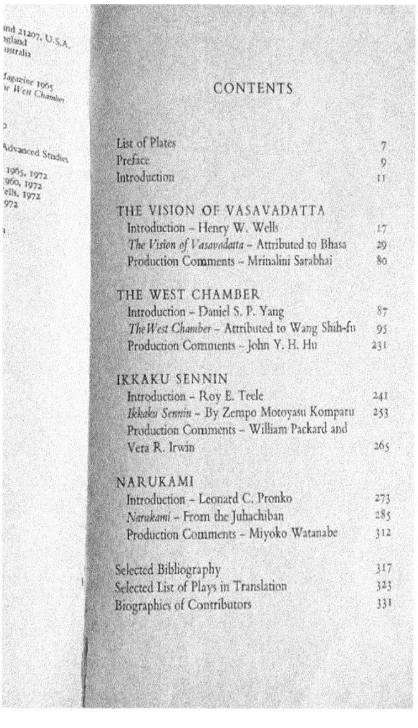
CONTENTS

图 7、图 8　亨利 · 威尔斯英译《西厢记》（*The West Chamber*）所收录的
《亚洲戏剧四种》（*Four Classical Asian Plays*）封面及其目录

图 9　杜为廉英译《西厢记》（*West Wing*）封面

图 10、图 11　奚如谷和伊维德合译《西厢记》两个版本的不同封面，
两版本分别于 1991 年、1995 年出版

Contents

目 录

绪 论

第一节 研究缘起

当今世界正处在大发展大变革时期，各国各地区的思想文化交流空前繁荣活跃，全球文化呈现出多样化发展的趋势。在经济全球化和互联网全面发展的独特历史条件下，商业流动和经济互融带来了更多文化上的交流互通。在这一过程中，文化本土性和独特性的地位逐渐凸显。如何在当前世界文化逐渐多样化发展的今天，把握文化发展趋势，迎接世界文化融合带来的挑战，传承和发扬中华文化，成了时代的重要课题，文化软实力的地位也越来越受到人们的重视。2011 年党的十七届六中全会通过了《中共中央关于深化文化体制改革推动社会主义文化大发展大繁荣若干重大问题的决定》，强调“增强国家文化软实力”，推动中国文化走向世界，提升影响力与感召力，正式将“增强国家文化软实力”提上了重要日程。中国文化走出去是增强国家文化软实力，推动文化发展的重要途径。中国文化走出国门，走向世界，可以消除西方世界过去对中国的陈旧观念，宣传我国新时期的精神文明风貌，提升中华文化在世界范围内的吸引力，从而树立全新的中国形象，增强国家在全球的整体竞争力。

“软实力”这一概念是 20 世纪 90 年代美国哈佛大学肯尼迪学院院长、国防部前助理部长约瑟夫·奈（Joseph Nye）提出的。他认为“软实力是一种能力，它能通过吸引力，而非威逼或利诱达到目的。这种吸引力来自一国的文化、政治价值观和外交政策”①。同时他还指出“软实力”来源于“国家价值观、意识形态、国际法则和制度、信息、跨国公司等”②。结合文化的内涵可以看出，约瑟夫所说的软实力在很大程度上是文化软实力。胡锦涛同志在十七大报告中明确提出要“提高国家文化软实力”之后，国家文化软实力便成为热门的研究对象，吸引了众多学者参与到文化软实力的研究当中。事实上，文化软实力已经成了全球各国发展的关键词。

虽然文化软实力的概念在21世纪才出现，但其实早在中国古代对“文化”这一概念的内涵就有类似的解释。“文”和“化”属于甲骨文中最古老的汉字之一，“文”的本义是各色交错的纹理，有文饰、文章的意思。《说文解字》称：“文，错画也，象交文。”因此，可以引申为包括语言文字在内的各种象征符号。“化”的本义是生成、造化、改变，其引申义为教化、教育、培养等。“文”和“化”同时使用见于《周易》：“刚柔交错，天文也。文明以止，人文也。关乎‘天文’，以察时变；关乎‘人文’，以化成天下。”“文化”两个字作为一个单词最早是在西汉刘向的《说苑指武》中：“圣人之治天下也，先文德而后武力。凡武之兴，为不服也，文化不改，然后加诛。”后又有《文选》中：“文化内辑，武功外悠。”元朝耶律楚材《太阳十六题》诗之七中有：“垂衣端拱愧佳兵，文化优游致太平。”这些文章中的“文化”指的是人文教化，是一种治国方略，是古代明君贤臣们所重视的治国之道，属于精神文明的范畴。由此可以看出在中国语境中，“文化”一词从诞生就已经带着今天我们所说的国家“软实力”的内涵了，体现了“文化软实力”作为国家力量的

① 唐晋：《论剑——崛起中的中国软实力》，人民日报出版社2008年版，第62页。

② （美）约瑟夫·奈：《美国定能领导世界吗？》，军事译文出版社1992年版，第159—164页。

重要身份。中国文化走出去的重要一环就是中国文学走出去，而中国文化典籍承载了中华民族最初的文化记忆，蕴含着博大精深的中国哲学思想，是中华文明的伟大成果，对外是最具代表性的中国文化产品。近年来，国家一直在持续推进中国文学“走出去”，走向世界，对文学外译工作的赞助力度也逐年加大，其中重要的一项内容就是中华典籍的外译。有学者指出：“文化软实力的力量来自扩散性，只有当一种文化广泛传播时，软实力才会产生越来越强大的力量。”① 戏曲文学作品作为中国文化典籍的组成部分，与其他类型的典籍相比，具有一定的独特性和优越性。戏曲承载了中华民族最深最广的民间传统文化，文学性上是中国古代神话传说、诗歌和小说等多种文学样式的综合产物，艺术性上是唱念兼备的极其完整的艺术形式，实用性上是中国人自古以来最热衷的娱乐消遣方式之一。所以将戏曲典籍作为文化软实力竞争的主要选择，精心甄选，去粗取精，把中国戏曲中最优秀的作品翻译介绍出去，对提升我国文化软实力，重新确立我国在世界文化版图中的重要位置，抢占国家竞争高地具有重要意义。

在中国戏曲典籍中，王实甫所著元杂剧《西厢记》无疑是最具代表性的作品之一。贾仲明在对《录鬼簿》的补撰中有《凌波仙》词称赞王实甫：“作词章风韵美，士林中等辈伏低。新杂剧，旧传奇，《西厢记》天下夺魁。”这是较早的对《西厢记》“经典”地位的肯定，甚至给予了其在“剧界”“天下第一”的认定。明代王世贞《曲藻》中说：“北曲故当以《西厢》压卷。”王骥德点评《西厢记》：“古戏必以《西厢》《琵琶》称首。”更有甚者，将《西厢记》与《春秋》并论。《西厢记》是一部从体制创新、受众、主题到风格都独树一帜的戏曲，“是超过时空的艺术品，有永恒而且普遍的生命”②。它注定

① 王沪宁：《作为国家实力的文化：软实力》，《复旦学报》（社会科学版）1993年第3期，第96页。

② 郭沫若：《〈西厢记〉艺术上的批判与其作者的性格》，载郭沫若《沫若文集》卷十，人民文学出版社1959年版，第187页。

要成为中国古典文学的经典作品流传于世。

同时,《西厢记》在国内学界地位甚高，自诞生以来就成了相关研究者们热衷研究的对象，研究方向主要围绕其戏曲性和文学性展开，研究角度有舞台研究、戏曲结构、主题思想、人物角色等，不一而足。不仅如此,《西厢记》还吸引了国外许多汉学家和翻译者的目光，从 19 世纪起在世界各国不断被翻译成各种语言，得到了广泛的传播；也有不少国外学者倾心于这部中国古典戏曲佳作，撰写了许多硕博士论文和书评，体现了《西厢记》在海外被广泛接受和传播的态势。可以说,《西厢记》是少数几部真正在海外得到传播的中国戏曲典籍之一，其丰富的译介经历和传播过程为中国典籍外译提供了借鉴，极具研究价值。

第二节　研究对象：元杂剧《西厢记》的英语译介

《西厢记》是中国戏剧史上最伟大的作品之一，作者王实甫以其匠心精工创作出这部惊世巨作，在戏剧冲突、艺术结构、抒情范式等方面对后世的文学创作有着深远的影响。其故事最早来源于唐代元稹所著《会真记》(又名《莺莺传》)，后被董解元改为《西厢记诸宫调》，到元代经过王实甫进一步改写，增加了部分故事情节和许多唱词诗句，形成了最终的元杂剧《西厢记》。虽然后来也经过历代文人墨客的改写，但最负盛名的仍属“王西厢”。有评论家称:“把前人的艺术成果融化在自己的创作之中，写出同中见异的人物形象，显示出现实主义的巨大力量，这是明清以来许多‘西厢’的改编作者无法比拟的。”① 在海外,《莺莺传》和《西厢记诸宫调》都曾受到各国的译者和研究

① 麻国钧、祝海威:《祝肇年戏曲论文选》，对外翻译出版公司 1998 年版，第 112 页。

者关注，各自均有不同语言的译本数个，但《西厢记》在英语世界无论是译本数量还是影响力都是其他两部作品不能相提并论的。

本研究结合现有的国内外对于王实甫所著元杂剧《西厢记》英译史和英译研究现状的分析，研究了其英文译本及与英译相关的其他内容，从宏观和微观角度探讨了《西厢记》作为中国古典文学经典的英译情况。主要研究内容如下。

一、对《西厢记》及其英译历程的研究

一部文学作品的创作总是离不开作者所处的社会文化语境。若想充分理解和阐释《西厢记》这一伟大作品，就必须了解王实甫所处的时代背景和其创作动机，也必须熟悉当时社会的主流思想和社会制度等因素，在此基础上展开对《西厢记》英译过程的历时性研究是重点内容之一。《西厢记》作为戏曲典籍在近百年间经历了数次被重复翻译，诞生了诸多各具特色的译本。与《西厢记》被创作的情况类似，翻译文本也会受译者当时社会背景、个人情感、赞助人等因素的影响而产生不同的阶段性特征。在历时性研究的基础上挖掘译本更迭背后更深层次的原因和规律，也是本研究的目的所在。

二、对《西厢记》主要英译本的整体性研究

文学作品的译本通常包括译文本和副文本两部分，译文本即文学作品本身的译文，副文本指作品之外的其他内容，通常包括译者序言、译者注释及其他学者或权威人士为其撰写的推荐、导言等。本研究通过细读和分析《西厢记》的译文本与副文本，选择各个译本的代表性特色对译本进行了宏观的、全面的探究，描述了《西厢记》各个译本的整体面貌。从《西厢记》英译本的副文本中可观察到各译者对译介对象的整体把握和认知，其内容主要包括

译本对《西厢记》的故事渊源、《西厢记》的文学成就、王实甫的创作背景、中国传统文化的阐释等的介绍。译文本则是最能全面体现译者的文化选择和翻译水准的文本，对译文本的整体和细节进行分析，把握译者的语言特点和风格特色也是研究的重点之一。

三、对《西厢记》英译本中核心文化负载词的研究

译本对于文化负载词的处理是从微观之处把握译本面貌的最关键要素。《西厢记》作为中国戏曲典籍的代表，雅俗共赏是其重要特点。王实甫在创作中不仅大量汲取了中国古典诗词，同时也吸收和运用了民间口语俗谚，这些诗词、典故、俗谚等蕴含着中国传统文化的内容，既是翻译的重点，也是翻译的难点。所以微观上研究译者对文化负载词的处理，有助于分析不同时代的译者对《西厢记》的文化理解和把握译本的整体面貌。

四、思考《西厢记》英译对中国戏曲典籍外译的反思与启示

每个时代都需要属于这个时代语言的译本，翻译理论也是如此。新时期在典籍外译的大浪潮下，迫切需要构建属于中国特色的翻译理论。全面分析《西厢记》在英语世界的种种译介，既能为翻译理论构建提供丰富的资料，又可以为新时期典籍外译理论建设添砖加瓦。《西厢记》在英语世界已经成了中国戏曲的经典，把握其译介规律对其他戏曲典籍走出去具有巨大的现实意义。

总而言之，本研究希望通过对《西厢记》各种英译本的仔细阅读和考察，展现《西厢记》作为中国戏曲和古典文学的代表作品是如何被历代译者持续不断地翻译和阐释的，不同时期译本更迭有哪些规律，彼此之间的关联和区别是什么，译本给英语世界的《西厢记》的传播和研究带来了什么影响，译本面貌与译者的个人身份及所处文化环境之间有什么关系等。除此之外，作

为中华戏曲典籍代表的《西厢记》的英译研究应当也可以揭示出戏曲典籍英译中共同的特点和规律，并进一步指导典籍外译。

第三节　研究的思路方法和创新点

一、研究的思路方法

本研究选取《西厢记》比较具有代表性的译本进行案例分析，结合相关史实，运用宏观文化分析和微观文本分析相结合的方法，对《西厢记》英译过程和价值进行全面的研究。

（一）译介学

本研究主要采用译介学，而非传统翻译研究的方法进行研究。首先，本研究将《西厢记》及其译本和其他相关翻译成果置于中国和西方的不同文化、社会背景下，审视和阐发双方是如何进行交流的。其次，本研究没有把重点放在语言转换的过程（虽然研究中必然会触及译文忠实与否、表达是否确切的问题）中，也较少涉及与之相关的翻译理论，而更关心《西厢记》在被翻译成英语的过程中所表现出来的中西截然不同的文化和文学的交流，它们是如何相互理解和交融，抑或相互误解和排斥，从而导致文化扭曲和变形的等等。最后，本研究的目的不在于指导《西厢记》的英译实践，而是将《西厢记》的英译过程看作一个完整的文化现象去研究其传播、影响和接受等文学文化关系。

（二）描述性翻译学

描述性翻译学（descriptive translation studies）是20世纪70年代在西方兴起的翻译学研究视角，主张在考察翻译现象时将历史文化因素考虑进去。本研究以《西厢记》的英译为研究对象，主要任务是分析《西厢记》被译介到英语世界的动态过程，其中包括产生的时代文化语境、译本完整面貌、其他形式的译介和对中国戏曲典籍外传的借鉴意义等内容。在译本研究的相关部分，涉及了译本特点、翻译过程和翻译功能三个方面，这正是描述性翻译研究的主要内容。与以往研究明显不同，描述性翻译学“在研究翻译的过程、产物以及功能的时候，把翻译放在时代之中去研究”①。即在面对译本时采取这种语境化的方法，将其重新放回产生的时代和文化语境中，结合当时的政治、经济、历史和文化因素进行分析。

特别需要指出的是，描述性翻译研究方法强调的是译入语文化的中心地位，将译作看作译入语文化的一部分，而将原作和原文化置于比较边缘的地位。本研究出于对这一特点的弥补，也出于对研究的完整性和科学性的追求，特意在部分整体性研究的内容和文化负载词的研究上将重心稍微偏向原文本，从戏曲学和古典文学角度对原文进行一定程度的阐释和解读，同时更加注重原文化——中华历史和文化对译本造成的影响。所以，本研究尽量将跨学科的研究视角纳入其中。

（三）跨学科研究方法

《西厢记》的英译主要采用跨学科研究方法，包括翻译理论、后现代理论、文体学理论以及相关的戏曲学和传播学理论等。研究中的部分章节采用

① Maria Tymoczko, *Translation in a Postcolonial Context: Early Irish Literature in English Translation*, Manchester: St. Jerome, 1999, p.25.

了文化研究的方法，如第二章《西厢记》在英语世界的历时性传播，以比较独立的形态揭示了《西厢记》各英译本在不同时期的世界戏剧和文化思潮中所处的位置；也有一些内容采用了专题研究的方式，如第三章整体性研究中的汉学译者的翻译思想、翻译风格等；而第四章微观研究主要从翻译学的角度对不同译本进行了关于文化负载词翻译的细致对比，分析了其产生的原因。

（四）阐释学方法和比较法

阐释学方法是通过文本本身来了解文本，强调忠实客观地把握文本和作者的原意。将阐释学引入译介学的研究，具体来说就是将篇章和文本分析引入译本的研究，从译者身份、动机、语境等角度入手对译本的意义进行区分。从文化历史语境的角度对译本产生的条件和译本特色进行阐释，并从制约译者翻译中选择的因素进行分析，以此可以揭示译本在生产过程中译者和外部环境之间的相互作用。

比较法主要用于文本、文化、思想、哲学等内容之间的比较。如：不同的历史文化语境对译本产生的影响，不同的译者身份对译本的风格和效果的影响，原文和译文之间的对比等等。通过差异性分析，可以分析不同因素在《西厢记》英译的整体现象中存在的深层次原因，也有助于发现其背后的规律性因素。

二、研究的创新点

本研究的创新点主要有以下四个方面。

第一，全面研究了《西厢记》在英语世界的译介活动。从历时性的角度完整梳理了《西厢记》在英语世界的译介轨迹，不仅全面介绍了《西厢记》各英语译本的基本情况，其中包括译者、年代、出版信息等，同时结合每个译本诞生时的时代文化语境描绘了其产生的条件、译者的动机和译本特色及其背后的原因等。另外，对《西厢记》的传播轨迹进行了阶段性的划分和总结，基本掌握了其西行的路线和规律。

第二，补充了《西厢记》英译研究的相关资料和史料。笔者在撰写论文的过程中收集了大量的文献和资料，其中部分信息内容是首次出现在《西厢记》相关研究中。在这些文献资料的基础上，对学界已经存在的少量信息谬误进行了更正，同时也为其他研究者提供了可用的、有价值的资源。

第三，突破了传统的翻译学研究视角，采用跨学科研究的方法。《西厢记》英译研究中现有的成果以翻译学研究为主，研究对象多聚焦于译本的文本和文化研究。笔者在自身英语、翻译和中外比较戏剧的多重专业背景的条件下，试图从译介学、比较文学和戏曲学等角度去全面研究《西厢记》在英语世界的译介情况。

第四，提出了戏曲典籍外译的可行性建议。《西厢记》是中国戏曲典籍的杰出代表，也是少数真正作为中国古典文学经典而流传于海外的戏曲作品，其在英语世界的传播轨迹和经典化历程是极有代表性的。本研究后期试图在充分研究《西厢记》英语译介的基础上为中国戏曲典籍的外译和外传提供具有一定价值的借鉴意义，并提出切实可行的建议。

第四节　重要概念界定

不同的学科拥有各自不同的专业语言，其中很大一部分核心表达在长时间的学术发展过程中逐渐固定下来，如文学语言中的“故事”“情节”“后现代”“批评”“文本”等，西方哲学语言中的“形而上学”“二元对立”“方法论”“世界观”等，翻译学中的“归化”“异化”“直译”“异译”等。这些在某个专业或者行业固定被用来表达某个概念的词语即“术语”（term/

terminology)。任何学术研究的基础单位都是学术术语，清晰明确的学术术语、与之对应的学术概念对任何学科都是至关重要的。

人文社科领域自20世纪八九十年代进行了“翻译转向”(Culture Turn)①，翻译研究也进行了“文化转向”，跨学科研究便逐渐兴盛，但随之而来的术语混乱和概念界定不清的问题在一定程度上导致了学术研究成果难以积聚，对整个人文学科的研究都是潜在的威胁。鉴于本研究是译介学、戏曲学和翻译学指导下的跨学科研究，为避免研究中可能出现的概念模糊及其所导致的表意不明，在研究之前对论文所涉及的重要概念进行厘清是极为必要的。

一、戏剧和戏曲

“戏曲”这一核心概念的译法就有很多种，至今仍未得到统一。但这样的情况在其他国家戏剧名称的英文翻译上，尤其是与同为亚洲国家的日本戏剧相比是比较遗憾的。日本歌舞伎的英文翻译是Kabuki，这个名词通常被认为来源于歌(か)、舞(ぶ)、妓(き)这三个汉字在日语中的发音，其作为日本歌舞伎在英语世界已经是固定的专有名词。然而当我们谈论中国戏曲的时候，却会出现各种各样的翻译：“Chinese opera”“Chinese drama”“Xiqu”等等。试想如果连这样基本又极其重要的概念都没有统一译法，又何谈在世界各国文化间产生大规模的影响呢？当我们谈论诸如Chinese drama的时候，我们究竟谈论的是什么？

中国戏剧和其他国家的戏剧相比具有一定的特殊性。古希腊罗马戏剧是西方戏剧的源头，后在西方得到了传播，对西方各国的戏剧均产生了不同程

① Susan Bassnett, “The Translation Turn in Cultural Studies”, *Constructing Cultures. Essays on Literary Translations*. Sussan Bassnett & Andre Lefevere (eds.), Clevedon: Multilingual Matters, 1998, pp.123-140.

度的影响。新文化运动时，西方戏剧随着各种文化思潮传入中国，逐渐形成了具有中国特色的话剧。戏曲是具有上千年历史的传统艺术形式，而话剧是传承于西方戏剧并且和现代西方戏剧更接近的艺术。那么戏剧的含义究竟是什么？在翻译过程中应当如何确定其名称？

欧阳予倩在《怎样才是戏剧》一文中对“戏剧”之所以称为“戏剧”进行了论述，概括起来就是：要有一个以上的演员来表演，具有矛盾冲突的完整故事，并且要在某时某地表演给观众看。这种说法似乎偏重于强调戏剧是一门表演艺术。《中国大百科全书》将中国话剧与外国戏剧一起分在《戏剧卷》，其中说道：“在现代中国，‘戏剧’一词有两种含义：狭义专指以古希腊悲剧和喜剧为开端，在欧洲各国发展起来继而在世界广泛流行的舞台演出形式，英文为 drama，中国又称之为‘话剧’；广义还包括东方一些国家、民族的传统舞台演出形式，注入中国的戏曲、日本的歌舞伎、印度的古典戏剧、朝鲜的唱剧等。”笔者在本研究中基本上认同这一狭义定义，但略有不同的是，鉴于本研究的重点落脚于文本和译本，而非舞台演出，所以在提到戏剧时大部分情况下倾向于戏剧文学或文本。

众所周知，戏剧具有两种面向：一种是供人阅读的文本形式，即剧本；另一种是舞台上的表演形式，即剧场。所以在英语中用 drama 和 theatre 对“戏剧”这一词义进行分工，但这两者在实践中并不是截然分开的，重叠使用的现象经常出现，甚至英语里也有用 closet drama 这一表达来表示“一开始就是为了作为阅读文本而非剧场表演而创作的剧本”，类似汉语里的“案头剧”或“书斋剧”（如若 drama 一词已被公认为表示剧本概念，那何来 closet drama 这一说？）。[①] 当 drama 这一单词进入中国文学的语境中时，其复杂性更进一步，因为 drama 通常既可以指中国古典戏曲，也可以指现当代中国戏剧。

① 李基亚、冯伟年：《论戏剧翻译的原则和途径》，《西北大学学报》（哲学社会科学版）2004 年第 4 期，第 161 页。

虽然西方学者在使用时已特别注意了“戏曲”这一概念的区分，用drama来强调《西厢记》《桃花扇》《长生殿》等戏曲的文学形式；而用opera或theatre来指称昆曲、京剧和其他地方戏的舞台演出。但不得不承认，关于“戏曲”的表述还是十分混乱的。

为避免指意不明和学术研究混乱，笔者提倡“戏曲”这一术语应当有自己的英语名称，应当选用汉语拼音Xiqu作为英语通用的译法固定下来。目前，已经有不少国内学者提出类似的主张并且在论文中实际使用了。如果想让戏曲走出国门，在世界文化之林中占有一席之地，让Xiqu一词代表中国戏曲在国际上亮相，抢占学术领先地位，那么将Xiqu作为“名字”的意义是显而易见的。当涉及翻译相关研究时，在汉语里使用“戏曲翻译”和“戏剧翻译”就可以明显区分两种不同的戏剧种类的翻译研究。但在英语中drama translation或theatre translation显然不具备区分这两者的功能，因此“戏曲翻译”与“戏曲”的译法类似，笔者主张使用“Xiqu translation”来特指《西厢记》等中国戏曲文学的翻译及研究。

二、西方和英语世界

本研究中频繁涉及的另一个重要概念是“西方”（Westem）。通常谈及“西方”和“东方”的时候，会有不少人简单地认为西方就是加拿大和美国等国家所在的西半球，而东方自然是中国和日本等国家所在的东半球。这种说法固然没有什么错误，但在本研究中，“西方”是指被广为接受的，以欧洲和美国为代表的一个认知范畴。例如，玛丽亚·铁木志科（Maria Tymoczko）教授在其《将翻译理论概念化——基于非西方的翻译思想》（*Enlarging Western Translation Theory — Integrating Non-Western Thought about Translation*）一书中将自己所使用的“东方”和“西方”的概念解释为：“Here I am using the term ‘Western’ roughly to refer to ideas and perspectives that initially originated in and became dominant in Europe, spreading from there to various other locations in the world, where in some cases, such as the United States, they have also become dominant."[①] 译文为："我在这里使用的'西方'指的是那些源自欧洲并且在后来成为欧洲主流，再后来传播至世界各地，其中包括美国在内并也成为其主流的思想和观点。"（笔者译）

但是必须明确的是，在全球文化大融合的今天，过去"西方"的观点和看法在全球蔓延，"东方"与"西方"的概念早已不甚明确。更不必说"西方"这一概念的内部逐渐产生了动摇和改变，随着世界文化思想中心的转移，过去以欧洲为主的"西方"也早已默默向美国式的"西方"转换了。所以本研究中涉及"西方"的内容主要是鉴于区分中国和其他以欧美为代表的其他国家的行文需要，尤其是在译者和译本的国别归属上做出简单的划分，并无意于强调"东方"和"西方"的对比甚至对抗。

"西方"的概念和"英语世界"并不能等同。例如，"西方"包括德国、法国等欧洲国家，这些国家拥有自己的语言，虽然研究中可能涉及诸如法国的比较文学流派等文化思想，但基于研究的严谨性，以"英语世界"对《西厢记》的译介范围做出划分是非常必要的。世界上 1/4 的人口具备讲英语的能力，其中很多国家的人们以英语为母语：美国、英国、澳大利亚、新西兰和南非等等。除了英语之外，没有其他任何一种语言是在多个国家同时作为母语而存在的。英语还被其他很多国家列为官方用语，如文莱、喀麦隆和巴哈马等；在很多国家英语也被列为第二语言，如德国、新加坡、印度等。英语是目前使用最广泛的、最具全球性的语言。故本研究中涉及的"英语世界"主要指以英语为母语，或者部分以英语为第二语言 / 官方语言的国家的集合。

---

① Maria Tymoczko. *Enlarging Western Translation Theory — Integrating Non-Western Thought about Translation* [EB/OL]. https://www.scribd.com/document/60948775/Tymoczko-Translation-Theory, 2016-12.

三、译本相关概念的界定

在译介学和翻译学的研究过程中，许多与译本形式相关的术语至今仍是模糊的，学界在术语使用上也存在比较混乱的现象。通常我们认为翻译就是完整地用另一种语言表达原文，但在翻译实践中我们可以观察到翻译经常不是完整的。例如，清末民初的苏曼殊翻译歌德的《题〈沙恭达罗〉诗》时，使用了中国古体四言诗，其取原文之意却抒自我之情，对原作的改编较多；又如，许多20世纪在国内出版的供青少年阅读的外国文学读物，译者跳过或者删减认为不适合青少年阅读的内容的情况也不在少数。所以由此诞生了许多相关的概念，如摘译、编译、改译、缩译等，具体的解释不在此展开。

为了在研究中统一使用译本类术语，以便更明确地指称各个不同的译本，笔者在此将主要涉及的译本类型术语列表如下。

主要译本类型及定义

译本类型	与原作 / 底本的关系
全译本	将底本的正文完全翻译，可存在极少量的删减
节译本	选择底本中的一个段落、一节或一章翻译
改译本	对底本或原作进行了较大改动并翻译
改编本	仅保留了原作或底本的主要情节 / 故事大纲，进行了二次创作后翻译

第一章 《西厢记》的创作语境和底本概况

任何国家任何形式的文学和艺术，在产生和发展的过程中，都会受到当时历史文化语境的影响，元杂剧也是如此。探究杂剧在元代兴盛的历史条件和文化背景，及对作者王实甫创作的影响，认识《西厢记》作为元杂剧代表作之一的艺术价值，是研究《西厢记》在英语世界的译介历程之前，首先需要解决的内部问题。不仅如此，通过对《西厢记》译本的审视可以发现，大部分译者都在序言或译本介绍等处对元杂剧、《西厢记》的故事流变和底本等相关问题进行了阐述，这体现了译者对元杂剧和《西厢记》艺术地位与价值的理解，同时也是考察译本面貌的必经之路。底本是翻译一部作品的基础，也是戏曲翻译中一个特殊的问题，对译本最终的面貌有着重要影响。《西厢记》版本众多，但其译本主要围绕《金批西厢》和弘治本《西厢记》来进行，所以分析其底本相关问题，是后续进行译本研究的基础。

第一节 杂剧在元代兴盛的历史文化语境

元杂剧的兴盛是整个中国戏剧史上的大事，这是由特定的历史条件造就的。从中华民族主流的农耕文化和游牧文化的碰撞，到元代城市发展和商业繁荣，再到文人参与创作，这些因素共同将元杂剧推向了大繁荣和大发展的局面，为中国戏曲撒下了满天繁星，而《西厢记》恰恰是其中极为耀眼的一颗。

一、地理环境及文化土壤

杂剧在元代才趋向成熟的原因与地理环境的关系十分密切，不同的地理环境滋生了各异的文化土壤。钱穆先生在《中国文化史导论》中说道："人类文化，由源头处看，大别不外三型。一、游牧文化，二、农耕文化，三、商业文化。游牧文化发源在高寒的草原地带，农耕文化发源在河流灌溉的平原，商业文化发源在滨海地带以及近海之岛屿。……游牧、商业起于'内不足'，内不足则需向外寻求，因此而为流动的、进取的。农耕可以自给，无事外求，并必继续一地，反复不舍，因此而为静定的、保守的。"① 中国文化属于农耕文化，农业生活主要依赖的是大自然，是气候、雨泽和土壤，然而大自然并非人类可以控制和驱使的，只能服从和顺应，因此农耕文明更看重"天人合一""物我一体"，所以表现出"和平"的、"安分守己"的特点；与游牧和商业文化相比，文化的扩张性就微小得多。

在这样的文化土壤下，属于农耕文化的中国自然而然地诞生了"仁为核心"和"和为贵"的儒学，在长期的社会发展中逐渐成为中国哲学思想的基础。儒家文化讲究经世致用，孔子曾提出诗歌和音乐可以用来教化人，他说："礼也者，理也；乐也者，节也。君子无理不动，无节不作。不能诗，于礼谬；不能乐，于礼素。"② "乐者，天地之和也；礼者，天地之序也。和故百物皆化；序故群物皆别。"③ 虽然礼乐文化提倡使用诗歌和音乐的形式来抒发情

① 钱穆:《中国文化史导论》(修订本)，商务印书馆 1994 年版，第 5—6 页。

② 《礼记·仲尼燕居》，见〔清〕阮元校勘:《十三经注疏》，上海古籍出版社 1997 年版，第 1614 页。

③ 《礼记·乐记》，见〔清〕阮元校勘:《十三经注疏》，上海古籍出版社 1997 年版，第 1530 页。

感，表达思想，但这种抒发是有限度的，“乐而不淫，哀而不伤”，反对人们无节制地纵容自己情欲的宣泄。所以当时以儒家文化为主流的社会整体文化氛围呈现出一种温和的、顺从的风格特点。戏曲的本质是娱乐，从“击石拊石，百兽率舞”的萌芽状态到隋唐歌舞戏、参军戏的逐渐成形，直至元杂剧的鼎盛，不论是娱神还是娱人，其根本都在于“娱”，所以戏曲也一直为尊崇儒家文化的士大夫阶层所轻视、排斥，这样的文化土壤自然不适合戏曲的发展。

北宋和南宋倾覆表面上是对中原政权的争夺，但从文化的角度来看是游牧文化对农耕文化的强烈冲击和碰撞。游牧民族内心深处对一切事物包括大自然有较强的“对立感”，对不同民族的“敌我对立”相当清晰，所以崇尚勇武，体现在文化特性上就是“征伐”。所以当蒙古族的铁骑踏进中原，先征服了北方，继而一统南方时，对儒家思想文化自然十分排斥。忽必烈甚至说：“汉人惟务课赋吟诗，将何用焉？”[①]他们以绝对的统治优势压制了儒学的发展。在这样的文化条件下，长久以来被儒家文化轻视和压制的市民文化便兴盛起来，而杂剧由于其内容贴近世俗生活，曲调多为民间流行的俗曲，遂在民间盛行起来。

作为北方游牧民族的蒙古族，其“恒舞酣歌”对汉文化产生了一定的冲击。他们在生活中经常需要歌舞相伴，甚至在征战之时也要携带乐人。成吉思汗时封木华黎为国王，“国王出师，亦以女乐随行。率十七八美女，极慧黠，多以十四弦等弹大官乐等，拍手为节，甚低，其舞甚异”[②]，游牧文化中音乐舞蹈的娱乐功能对儒家文化中强调的“教化”功能产生了较大的冲击，所以对元杂剧的盛行具有一定的作用。同时，在民间所流行的杂剧，其北曲音

① 〔明〕宋濂：《元史》，中华书局1976年版，第3746页。

② 〔宋〕孟珙：《蒙鞑备录》，见〔清〕施国祁：《金源札记（及其他二种）》，中华书局1985年版，第8页。

乐也吸收了一部分少数民族音乐，出现了一定程度的融合。

二、城市发展和商业繁荣

纵观世界戏剧发展史，包括各国戏剧的发展，都和城市的发展、商业的繁荣，以及随之而来的社会风气的改变息息相关，古希腊罗马戏剧就是一个明显的例证。而元代城市的发展和商业经济的繁荣为杂剧的成熟奠定了稳固的物质基础。

元代在建大都时，保留了坊的形式，但是取消了坊墙，所以空间开放，民众出入自由，也没有宵禁等限制。同时，元大都有许多用于商业演出的场所，市民观赏演出极为便利。元代熊梦祥的《析津志辑佚·岁纪》中记载："（二月）八日，平则门外三里许，即西镇国寺，寺之两廊买卖富甚太平，皆南北川广精粗之货，最为饶盛。于内商贾开张如锦，咸于是日。南北二城，行院、社直、杂戏毕集，恭迎帝坐金牌与寺之大佛游于城外，极甚华丽。……教坊诸等乐人、社直、鼓板、大乐、北乐、清乐，仪凤司常川提点，各宰辅自办婶子车，凡宝玩珍奇，希罕藩国之物，与夫百禽异兽诸杂办，献赏贡奇互相夸耀，于以见京师极天下之壮丽，于以见圣上兆开太平与民同乐之意。"①从中可以看出，当时的元大都商业繁荣，物资丰饶，歌舞娱乐兴盛，已经发展成国际性的大都市。这一点在《马可·波罗行纪》中也有记载："尚应知者，凡卖笑妇女，不居城内，皆居附郭。因附郭之中外国人甚众，所以此辈娼妓为数亦夥，计有二万有余，皆能以缠头自给，可以想见居民之众。外国巨价异物及百物之输入此城者，世界诸城无能与比。盖各人自各地携物而至，或以献君主，或以献宫廷，或以供此广大之城市，或以献众多之男爵骑尉，或

① 〔元〕熊梦祥：《析津志辑佚·岁纪》，北京古籍出版社1983年版，第214—215页。

以供屯驻附近之大军。百物输入之众，有如川流之不息。仅丝一项，每日入城者计有千车。……此汗八里大城之周围，约有城市二百，位置远近不等。每城皆有商人来此买卖货物，盖此城为商业繁盛之城也。”① 可见，元大都已是繁华的大都会。

城市的发展带来的是市民阶层的壮大，而市民阶层是杂剧的主要受众——观众。杂剧是舞台艺术，没有观众就没有灵魂，也不可能得到进一步发展。观众的存在可以使杂剧从业者获得经济收益，甚至可以间接影响戏曲的创作和表演，对戏曲的产生、传播具有重大意义。元代的都市市民在经济富足的条件下，开始追求精神生活的充实，他们自然地选择了娱乐性强的杂剧作为主要形式，促使元杂剧的兴盛成为中国戏曲发展史上的第一个高潮。

三、文人的被动选择

文人作为杂剧的主要创作者，在元代时由于多种原因走上了杂剧创作的道路。其中一部分文人为了纾解忧愁、发泄苦闷情绪而投身杂剧创作，也有另一部分迫于生计而卖文讨生活，这当然与当时文人在社会上的处境是密不可分的。

在中国古代历史上，文人是一个特殊的群体。他们受教育程度比较高，但只占社会总人口的极少数。文人在接受过教育，完成系统的知识储备后，通常会走上两条路：“仕”或“隐”，即“出世”和“入世”。“仕”是考取功名，为君王分忧，为百姓造福；“隐”乃幽居自处，论道讲经。中国文人在历史上虽然往往于“出世”和“入世”之间摇摆，但总体来说还是以“庙堂之高”为目标而奋斗的，考取功名进而走上参政的道路是知识分子的

① ［法］沙海昂注：《马可波罗行纪》，冯承钧译，商务印书馆 2012 年版，第 215 页。

最高追求。

中国封建社会中最重要的人才选拔制度是科举制，这也是古代知识分子追求理想的最主要途径。但蒙古灭金，建立元朝后，科举考试曾被停数十年，这期间知识分子最大的上升渠道被阻断，处境艰难，地位每况愈下，甚至有“九儒十丐”之说。摆在他们面前的，是不得不接受的现实。

虽然元代的官场也对一部分汉族文人开放，但毕竟是极少数。此时的人们身处异族统治之下，观念也较过去产生了较大的改变：“为学者，治生最为先务，苟生理不足，则于为学之道有所妨。彼旁求妄进，及作官嗜利者，殆亦窘于生理所致也。士子多以务农为生，商贾虽为逐末，亦有可为者。果处之不义理，或以姑济一时，亦无不可。”①昔日“四体不勤，五谷不分”的文人被迫投入到生计之中成为常事。文人通常没有什么实用的生活技能，于是各谋出路。例如文人中擅书画的，可以选择卖书卖画、谈墓颂寿，将笔墨丹青置换成实实在在的银子；另有在经籍方面有心得的，或为馆学塾师，或医卜星象，如元剧作家萧德祥即“以医为业”，《元诗选·癸集》中也有刘应龟“卖药以自晦”。元杂剧中也有不少落魄文人为了生计而出的种种下策，如赶斋、撞席、帮闲、卖药、卖薪、吹箫、唱挽歌等，由此可以看出元代的文人确实从过去高台掉落进世俗尘埃。

中国古代历来诗文乃正统文学，而戏曲则是不入流、难登大雅之堂的“小道”。但此时文人中的一批人彷徨无助，急需抒发这种苦闷悲愤的心情，而诗词曲文给他们提供了这一通道，所以文人们逐渐加入了杂剧的剧本创作及演出活动中。在这样的特殊历史推动下，杂剧在元代得到了空前的发展和繁荣，并且走向了成熟，最终成为和唐诗宋词并列的中国古典文学大类。

---

① 黄宗羲：《宋元学案》，中华书局 1986 年版，第 3009 页。

第二节　王实甫和《西厢记》的创作

《西厢记》为元代王实甫所作。钟嗣成撰《录鬼簿》一书，“述其所作”，《西厢记》明确记载在王实甫名下。明贾仲明增补《录鬼簿》，有《凌波仙》词吊王实甫：“风月营密匝匝列旌旗，莺花寨明飏飏排剑戟，翠红乡雄赳赳施谋智。作词章风韵美，士林中等辈伏低。新杂剧，旧传奇，《西厢记》天下夺魁。”关于《西厢记》的创作时间，现在学界多采用王季思先生所认为的《西厢记》创作于元成宗大德年间的说法。“现传金圣叹本第六才子书《西厢记》续之四【清江引】曲，有‘谢当今垂帘双圣主’句；查元成宗大德三年，立巴约特氏为皇后，当时成宗多病，一切正事都由皇后处决。‘双圣主’似即指此时。从这些材料来看，王实甫的杂剧《西厢记》大约作于元成宗大德三年至十一年（1299—1307）之间。”[①] 既然《西厢记》基本确定是王实甫于元代大德年间创作，那作品中必然有当时社会文化语境的印记，在此择其重点予以分析阐释。

一、元代文化语境对王实甫创作《西厢记》的影响

首先，农耕文化对中华民族心理的影响体现在对“大团圆结局”的偏爱上。元杂剧中常见的“大团圆结局”历来被人们争论不休，不仅国内学界有许多学者对这一文学现象进行了研究，许多外国学者也对其有所关注，如美国学者白之（Cyril Birch）就在为奚如谷和伊维德合译的英文版《西厢记》序

① 王季思：《西厢记》，上海古籍出版社 1954 年版。

言中说道："中国古代人，无论男女老少，高低贵贱，浪漫爱情故事的高潮永远都是才子佳人的喜结良缘。"① 虽然他的说法略带武断，但我们不得不承认，"大团圆结局"是中国爱情戏剧中最受民众喜爱的一类。一方面，"大团圆结局"是我国人民民族心理和审美习惯影响的结果。王国维曾指出："吾国人之精神，世间的也，乐天的也。故代表其精神之戏曲小说，无往而不着此乐天之色彩，始于悲者终于欢，始于离者终于合，始于困者终于亨，非是而欲餍阅者之心难矣。"② 所以一般对于悲剧性结局，中国的戏曲观众是不易接受的。另一方面，中国古代戏曲常演出于勾栏瓦肆之上，达官贵族厅堂之内，迎神赛会、年节庙集之时。此时的戏曲作为一种娱乐的重要手段，必须顺应"喜庆"的氛围，团圆结局自然成了最固定的套路。《西厢记》也是以张生考取状元，与崔莺莺完婚的团圆为结局，更是在最后提出了"有情的都成了眷属"这一爱情主题思想。全剧在一种团圆和谐的气氛中收场也就十分自然了。

其次，市民阶层和市民文化的兴起对《西厢记》的传播具有极大的推动作用。《西厢记》具有广泛的观众基础，所谓"自王侯士农而商贾皂隶，宁有不知乎？然一登场，即耆耋妇孺，喑聋疲癃皆能拍掌……"③ 既有皇室贵族，也有文人官僚、闺阁妇女、贩夫走卒。《西厢记》独特的艺术魅力吸引了不同层次的观众和读者，而这些人又同时对《西厢记》的传播做出了贡献，使其拥有长久的生命力。就创作来说，《西厢记》能取得如此效果，脱离了元代特定的历史语境是不可能实现的。

---

① Stephen H. West, Wilt H. Idema, *The Story of the Western Wing*, Los Angles: University of California Press, 1995, p.ix.

② 王国维：《王国维学术经典集》，江西人民出版社 1997 年版，第 58—59 页。

③〔元〕王实甫，〔明〕何璧：《何璧校本北西厢记》，浙江人民美术出版社 2017 年版，第 3 页。

最后，文人的处境对王实甫创作《西厢记》的影响是多方面的。王实甫创作《西厢记》在体制的创新上，体现了他极其旺盛的创造力。《西厢记》共五本二十一折，突破了以往元杂剧的体制，篇幅上近似于传奇，内容上在表现情感、塑造人物、情节突转等方面也尽显王实甫细腻的笔法，节奏时舒时急，情节紧凑，具有吸引力。所以《西厢记》不仅活跃在北方的戏台上，也被改成南戏，同时继续以案头读物的形式得到广泛的流传。除此之外，王实甫的创作也带有明显的时代印记。例如，他在《西厢记》中对功名的态度，呈现出一种内心的自我矛盾：既向往，又蔑视。作为文人，王实甫对功名的追求是再自然不过的，这一点从最后张生金榜题名、扬眉吐气就可以看得出来；但有时候他又借莺莺口表达出对考取功名的不屑，“但得一个并头莲，煞强如状元及第”，此时的王实甫对功名又充满了蔑视。在当时的社会制度和文化处境下，王实甫这样矛盾的创作心理是十分普遍的。

二、《西厢记》的故事流传

“西厢”故事并不是王实甫首创，其本源来自唐代元稹的传奇小说《莺莺传》(又名《会真记》)，是一篇3000多字的短篇小说，描述了一个动人的爱情悲剧故事。小说中出身富贵之家的崔莺莺与贫寒书生张生相爱，后张生赴京应试，最终将莺莺遗弃。后董解元将其扩大成5万字的《西厢记诸宫调》，即一部用诸宫调演唱的说唱文学作品。“董西厢”对《莺莺传》进行了较大的改动，同时影响也十分深远，主要体现在：一是改写了《莺莺传》的悲剧性结尾，代之以崔张相偕出走的美满结局。二是对原小说中的人物形象做了改动。张生彻底从一个始乱终弃的文人形象变成了有情有义的痴情书生；莺莺自然也不再是自怨自艾、独自等待的闺阁怨女，而是变成了性格活泼、有主见敢反抗的聪明少女。所以“董西厢”为王实甫创作元杂剧《西厢记》奠定了稳固的基础，王实甫不仅继承了“董西厢”的艺术改造，更用其震惊世人的艺术创造力为中国古典戏曲增添了新的艺术珍品。

值得注意的是，《莺莺传》和《西厢记诸宫调》在海内外同样受到了译者和学者的关注，各自均有译本和相关研究成果。如熊式一在其《西厢记》英译本的最后附有《莺莺传》译文（译名：*The Story of Ts'ui Ying-Ying*）；华裔学者陈荔荔（Li-li Chen）一直专注于"诸宫调"研究，其对《西厢记诸宫调》的研究在西方具有一定影响，于 1972 年翻译出版了《西厢记诸宫调》（译名：*Master Tung's Western Chamber Romance*），并且在序言中分析了其人物形象塑造、叙事特征和套曲体制等内容，此外还发表了《诸宫调的外在形式和内在形式——兼及诸宫调与变文、词及宋元白话小说的异同》[①] 等专门研究诸宫调的文章。但本研究的研究对象主要是王实甫所著元杂剧《西厢记》的英译情况，所以在此仅作简单说明。

第三节 《西厢记》的版本和英译底本问题

王实甫所著《西厢记》的原本已经失传，现存本均为明清刊本。总体上，明刊和清刊《西厢记》各存近四十种，近人校注本五十种左右，类型主要有校注本、题评本和插图本三种。今能见到最早的《西厢记》刊本是明成化年间（1465—1487）的残本，但残缺不全难以用于翻译。在《西厢记》被英译的近百年内，译者选择的底本主要为金圣叹《第六才子书西厢记》（简称

① Li-li Chen, "Out and Inner Forms of Chu-Kung-Tiao, with Reference to Pienwen, Tz'u and Vernacular Fiction", *Harvard Journal of Asiatic Studies*, XXX II, 1972, pp.124-149. 转载于陈淑英译，中外文学编辑部主编，《中国古典文学论丛——戏剧之部》，中外文学月刊社 1985 年版，第 220—246 页。

“金批本”）和金台岳家刻本《新刊大字魁本全相奇妙注释西厢记》（简称“弘治本”）。

一、戏曲典籍翻译中底本的重要性

任何翻译活动都是围绕源语文本开展的，戏曲典籍的英译活动也是如此。戏曲典籍因为产生于中国古代，传承至今经历了多个朝代的传播、刊刻和印刷，不少作品拥有较多的版本，通常不同的版本之间在内容上具有或多或少的差异。所以，研究戏曲翻译之前倘若没有确定底本，那研究就变成了无水之源，结论也必然是不可靠的。

《西厢记》自诞生以后就陆续被改编成各种版本，即使就王实甫所创作的《西厢记》本身而言，也存在着不同刊本。其刊本数目之多是任何一部戏曲都不能与之相提并论的，且各刊本都具有不同的特点：一来不同版本的各种注释、题评甚至插图等对于译者来说可以起到重要的导向作用；二来文字上的略微差异也会对最终呈现的译文有所影响。所以，王实甫所创作的元杂剧《西厢记》由于本身版本的问题，在分卷、分折、标目、篇幅、内容等方面的差异都会影响译本的产出。

二、金批本和弘治本的概况

金批本问世于清顺治年间，现存最早的本子是顺治年间贯华堂刊刻的《贯华堂第六才子书西厢记》，自此以后至民国末年近三百年间，其翻刻本之多，爱好者之众，影响力之大，是其他任何刊本无法比拟的。虽然学界一直对金批本的功过得失有争论，但无可否认的是其无论在《西厢记》的传播史、评点史上，还是在中国文学批评史上，都占有重要地位。金圣叹对《西厢记》做了系统的点评，在正文前写了两篇序介绍自己的评点目的，同时还对《西厢记》的主题内容、艺术价值和欣赏方法做了描述。每一本前有总批，概述剧情的前后关系；每一折中又有夹批，对王实甫在语言锤炼、剧情推进、性格刻画等方方面面进行了细致入微的点评。这些批语本身也非常精妙，所以曾有不少学者认为知《西厢》者莫过金圣叹。金圣叹的精彩点评有许多，如对《西厢记》雅俗共赏的艺术魅力的概括："夫真雅驯者，必定透脱；真透脱者，必定雅驯。问谁则能之？曰《西厢记》能之。"类似的精彩点评还有许多，它们构成中国知识分子和大众读者对《西厢记》重要的文学记忆之一。

弘治本《西厢记》是现存最早的全本《西厢记》，于1498年印行，它的发现在《西厢记》版本流变史上具有重要的意义。弘治本有其独特之处：第一，注释详尽，尤其适合北方读者。其中，关于历史典故、佛教用语的注释非常细致。例如，香积厨、僧伽等，甚至连大师、长老、观音等民众皆知的词汇都进行了注释，但北方方言及少数民族语言的相关表达却并无注释。第二，刊本前附录丰富。正文前依次有《崔张引首》《闺怨蟾宫》《钱塘梦》《秋波一转论》《满庭芳》《蒲东崔张珠玉诗集》等民间作品。第三，设计上，上图下文。每页书均有插图，形式为上图下文，许多图还附有标题。插图中人物刻画生动，房屋建筑结构明了，整体典雅自然，读之赏心悦目。第四，体制结构形式独特。其体例是分卷分折的形式，即将《西厢记》分为五卷，卷首有四字题目，每卷下又各有按顺序排列的折数。

三、《西厢记》主要英译本的底本选择

《西厢记》的英译活动主要围绕金批本和弘治本两个版本展开，底本选择对译文的影响主要在第三章的译者译本的案例分析部分展开论述。见表1-1。

表 1–1 《西厢记》主要英译本底本选择（以出版年份为序）

译者	出版时间	底本选择	备注
熊式一	1935	金圣叹《贯华堂第六才子书西厢记》	全译
亨利·哈特	1936	金圣叹《贯华堂第六才子书西厢记》 许啸天《西厢》（为参考）	全译
亨利·威尔斯	1972	在亨利·哈特英译本基础上改译	改译
赖恬昌， 加马雷基安	1973	不详（翻译中对原文改编较大，难以比照）	改编
杜为廉	1984	金台岳家刻本《新刊大字魁本全相奇妙注释西厢记》	全译
奚如谷，伊维德	1991	金台岳家刻本《新刊大字魁本全相奇妙注释西厢记》	全译
许渊冲	1992	金圣叹《贯华堂第六才子书西厢记》	全译

第二章 《西厢记》在英语世界的翻译之旅

第一节 中国戏曲在海外的传播概况

中国戏曲很早就开启了向海外传播的旅程，并且海外演戏的起点要比文本传播早得多。早在南宋晚期，日本和朝鲜等国就已经开始引入中国的杂剧和南戏。到了元明清时期，传播达到了一个小高峰，数量可观，剧种与剧目繁多。14 世纪出版的意大利马可·波罗（Marco Polo）《马可波罗行纪》记叙了当时元代商业大都市的繁荣与富足，以及作者亲临元世祖忽必烈的宫廷观赏中国戏曲的情景。明万历年间（1573—1620）福建的戏曲艺人就应邀赴琉球（今冲绳）演出了《荆钗记》《王祥》《姜诗》等剧目。15—16 世纪，中国戏曲团体多次赴欧洲演出。清康熙年间，中国福建的一些戏班曾数次到泰国表演，甚至还在泰国皇宫演出。从 16 世纪末至 18 世纪，东南亚地区的华人也经常在当地演出闽南一带的戏曲。从 16 世纪下半叶开始，随着航海技术的发展，中西戏剧交流日益频繁，大批传教士抵达中国，做了许多翻译工作，使得中国戏曲对外传播的进程大幅加速。到了 18 世纪中后期，在欧洲随着“中国热”的兴起，中国戏曲演出也掀起了高潮，中国戏曲元素甚至融入了西方人的文化生活。1860 年，中国昆曲戏班赴法国参加法国宫廷演出，这是近代中国戏剧史上中国戏曲首次登上欧洲的舞台。20 世纪初期，梅兰芳剧团举行四次世界性巡回演出，传播面广，影响力大。1949 年新中国成立后，中国

《西厢记》的一段原文（该书第 49—50 页），原书未见。”① 王丽娜在书中提到坎德林“翻译了一段原文”，这种说法是正确的。

后来在一些学术论文中有不少人引用了她的著作，继而又有学者在此基础上理解为坎德林选择了《西厢记》中的某一折进行翻译，甚至言之凿凿认为翻译的是“惊梦”一折。此类不甚明确的说法颇为影响学界对《西厢记》这部作品英语译介的研究，笔者在经过重重困难后找到了《中国小说》在美国伊利诺伊大学的馆藏影印本，仔细阅读后发现目前学界关于此书的认识存在较大误区。

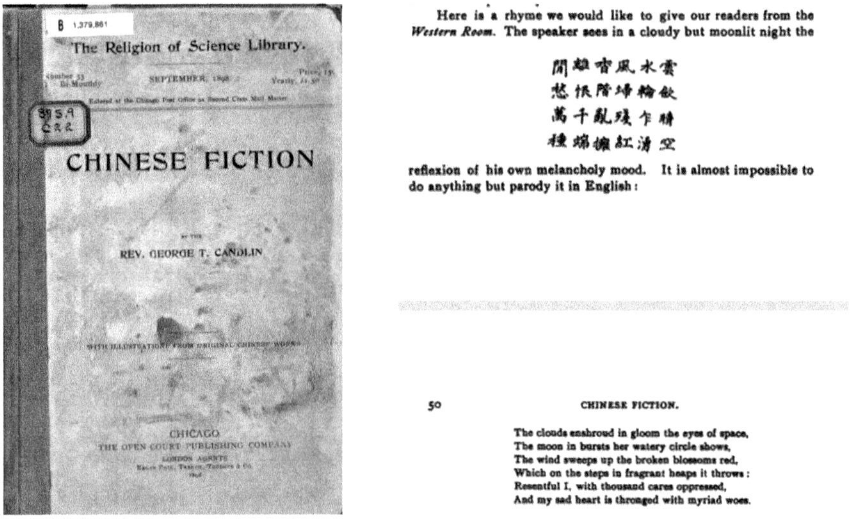

图 2-1 《中国小说》封面与坎德林译文

首先是《中国小说》的版本问题。从《中国小说》一书的封面可以很明显地发现，这部书并不是独立出版的个人著作，而是由公开法庭出版社（The Open Court Press）以双月刊形式出版的系列刊物。②《中国小说》分为上、下两部分，分别出版于 1898 年 9 月和 10 月。书后附有此系列已出版的书目名

① 王丽娜：《中国古典小说戏曲名著在国外》，学林出版社 1988 年版，第 463 页。

② 扉页左上角有 Bi-Monthly 的字样。

称，从中可以看到诸如《科学是为宗教》(*The Religion of Science*)、《古老印度：语言和宗教》(*Ancient India: Its Language and Religions*)、《以色列预言》(*The Prophets of Israel*) 等；与中国相关的除《中国小说》之外，另有《中国哲学》(*Chinese Philosophy*)。从这些细节可以看出，公开法庭系列丛书的目的之一是介绍被传教国家全方位的情况，具有比较浓厚的宗教色彩，在编著科学、哲学、文学、思想等内容的书籍中带有比较典型的西方意识形态色彩。此系列图书最早的一本《科学是为宗教》于 2009 年由康奈尔大学出版社 (Cornell University Library) 重新出版，包括此书在内的系列图书在国外也有不少学者进行研究，足以证明此系列图书的价值。然而目前在国内尚未得到研究者的重视，研究几乎一片空白，由此出现了对《西厢记》首个英译片段的种种误解和猜测。

其次是关于坎德林在《中国小说》中是否翻译了《西厢记》，及具体翻译了多少的问题。坎德林在书中将中国小说分为历史小说、神话小说和爱情小说三类，并列举了 14 部他认为最著名的作品，其中就有《西厢记》(*The Tale of the Western Room*) (书中对《西厢记》书名的译法还有 *The West Room, The Western Room*)。经翻阅，坎德林所著《中国小说》中仅翻译了几句张生的唱词，所选唱词为："云敛晴空，冰轮乍涌；风扫残红，香阶乱拥；离恨千端，闲愁万种。" 译文为："The clouds shrouds in gloom the eyes of space, The moon in bursts her watery circle shows, The wind sweeps up the broken blossoms red, Which on the steps in fragrant heaps it throws: Resentful I, with thousand cares oppressed, And my sad heart is thronged with myriad woes." ① 译文基本忠实还原了唱词的意象和情感，翻译质量颇高。但因篇幅太短，很难将其认定为《西厢记》的首个节译本。

① George T. Candlin, *Chinese Fiction*, Chicago: The Open Court Publishing Company, 1898, pp.49-51.

最后是坎德林《中国小说》中译文的节选问题。书中坎德林在翻译上述唱词前，用第46—49页约三页半的篇幅节译了高明所著《琵琶记》的第二十二出“琴诉荷池”，并毫不讳言《琵琶记》是其最喜欢的中国爱情小说。与之相比，坎德林对《西厢记》的评价就比较简短，将其称为“中国著名爱情小说”。他在几句唱词的译文前表明，此处《西厢记》的唱词翻译是为了阐释中国诗人如何表达忧愁哀思。由此可见，坎德林在《中国小说》一书中对《西厢记》的评价也没有一些学者所认为的那样高，其选择《西厢记》的片段作为例证存在着较大的随机性。

另外，蒋星煜在《论弘治岳刻版〈西厢记〉英译》一文中曾提到：“英译《西厢记》最早的一个版本系1898年出版于英国伦敦，并非全译，仅译其中一折。因为这是一本中国古典戏曲选本，所选者均非全剧。将《西厢记》译成 *The Romance of the Western Chamber*。”[①] 蒋星煜虽然提到了《西厢记》最早的节译，但并未详细说明，想来也是因为无法找到具体书目，前文提到的王丽娜的说法或许与此有关联。1898年这个时间和坎德林所出版《中国小说》在同年，而《中国小说》的封底也印有“在伦敦出版”的字样，由此看来二者存在为同一本书的可能性。但是，坎德林全书并未将《西厢记》译为“*The Romance of the Western Chamber*”，与蒋翻译的篇幅也大不相同。所以结论应当是另有1898年出版的中国戏曲节选类书籍，但目前尚未被发现，笔者会持续检索文献进行调查。

二、发轫期——中外译者的不经意巧合

20世纪初的世界混乱不堪，第一次世界大战使得欧洲各国元气大伤，以

① 蒋星煜：《论弘治岳刻版〈西厢记〉英译》，载《上海作家作品双年选（2001—2002）》，上海文艺出版社2002年版，第319—329页。

英国为代表的传统世界强国遭受了重创，各国都处于百废待兴的状态。此时欧洲人的心态不似过去那般高傲自信，但文化心态还是比较开放的，对其他国家和民族的文化整体呈现出比较强的接纳性。1930 年梅兰芳访美这一中国戏曲史上的大事件展示出中国戏曲对外传播的进一步主动探索，梅兰芳在美国、俄罗斯和欧洲的宣传与造成的轰动影响，动摇了西方人心目中关于中国戏曲的陈旧观念，为中国戏曲的进一步外传创造了条件。

（一）中国文化的使者——熊式一

熊式一（1902—1991）翻译的《西厢记》英文全译本以 *The Romance of the Western Chamber* 为名于 1935 年由英国伦敦梅休因出版公司（Methuen & Co.）出版，1968 年于美国作为《哥伦比亚大学东方经典译文》（*Columbia College Program of Translations from the Oriental Classics*）由哥伦比亚大学出版社（Columbia University Press）再次出版，并被收录至联合国教科文组织经典作品中国卷（*UNESCO Collection of Representative Works Chinese Series*）。初次出版的时候，其《西厢记》译文还被部分选登在 1935 年 9 月上海出版的《民众论坛》（*The People's Tribune*）第 5 号上，这是当时政府机关发行的报纸，在国际上有一定的地位。

熊式一是一位在国内被低估的翻译家和作家，目前国内研究其翻译作品和文学作品的学者并不多，很多领域仍存有较大的空白。熊式一是江西南昌人，一生都在进行写作、翻译和教学工作，尤其对戏剧兴趣浓厚，同时也是少数在海外戏剧界取得较大成就的文艺工作者。从 20 世纪 30 年代起，他不断翻译巴蕾、萧伯纳的戏剧作品，并将其刊登在《小说月报》《新月》等文学期刊上，因此受到郑振铎等人的赏识，曾被徐志摩评价“对英美近代戏剧很有造就”。1932 年，熊式一赴英国留学，在英国改编、翻译并亲自导演了中国戏曲《红鬃烈马》，并将其以《王宝川》（*Lady Precious Stream*）为新名推上舞台。[1] 该剧获得了巨大的成功，在英国连演 3 年 900 多场，后又去美国百老汇进行演出，同样广受欢迎，他也由此成为美国百老汇首位华人导演。在《王宝川》获得成功后，他开始翻译《西厢记》，并且于 1935 年为西方世界带来了第一个英译本。

熊式一对《西厢记》的译介表现出中国译者对传统戏曲文化的极大自觉和自我认知。作为对中西方戏剧有深刻而独特见解的学者和翻译家，熊式一与坎德林在选择翻译《西厢记》的动机和效果上可以说有明显不同。即使《王宝川》为他在西方带来了巨大的声誉，他本人仍坦言翻译《西厢记》与翻译《王宝川》有所不同，《王宝川》“是一出极受欢迎的通俗皮黄戏，谈不上有甚么文学价值”[2]。他将翻译《西厢记》视为一个中国戏剧学者的责任和重担，对《西厢记》和其他戏曲作品进行了区分，以严谨的态度完成了翻译工作。

熊式一在 1938 年 12 月 6 日将《西厢记》搬上了英国伦敦火炬剧院，崔莺莺仍由扮演王宝川的女演员梅西·达伦出演，并且服装和舞台均由梅兰芳亲自把关。同年在中国大使馆再次演出，西班牙大使、张伯伦夫人、伦敦市长及其夫人都观看了此次表演。[3] 巴蕾评价《西厢记》“是一本伟大的戏”。

熊译本虽然是问世最早的译本，但因为其翻译忠实优美，译文质量上佳，能经受住时间的考验，在经历了与后来问世的数个版本的比较之下，至今在海外仍是《西厢记》英译的经典之作。

---

① 熊式一在改编中特意将《王宝钏》改为《王宝川》，他认为“钏”字不如“川”字文雅，翻译成英文“stream”也更符合英语观众的文化口味。

② 熊式一:《八十回忆》，海豚出版社 2010 年版，第 66 页。

③ Diana Yeh, *The Happy Hsiungs — Performing China and the struggle For Modernity*, Hong Kong University Press, 2014, p.69.

（二）《西厢记》首位外国译者——亨利·哈特

在熊式一于英国出版其《西厢记》译本的第二年即1936年，美国汉学家亨利·哈特（Henry H. Hart）翻译的《西厢记》以 *The West Chamber: A Medieval Drama*（《西厢记：一部中世纪戏剧》）为名由美国斯坦福大学出版社（Stanford University Press）出版。此版《西厢记》装帧讲究，设计精美，配以绿色的卷首尾页，阅读起来堪称视觉上的享受。哈特在当时中国驻旧金山领事馆副领事孙碧奇（Pi-Chi Sun）的建议下选择了翻译《西厢记》。[①] 虽然时间上晚于熊式一，但或许由于当时信息不畅，哈特认为自己是英译《西厢记》的第一人。书中不仅翻译了《西厢记》，更在译文前的“译者介绍”部分向读者介绍了中国戏曲历史、中国戏曲理论、戏曲样式、剧院与观众、演员及中国戏曲舞台传统等相关内容，书后还附有注释，对诸如中国古代历史人物、典故及诗词进行了阐释。

亨利·哈特是美国著名的汉学家和史学家，曾出版多部与中国相关的著作，这些作品在当时都颇受欢迎，对介绍中国文化做出了一定的贡献。哈特1886年生于美国旧金山，在职业生涯之初从事法律相关工作。自1911年起，受旧金山当地浓郁的中国文化及华人氛围影响，逐渐对中国文化产生了兴趣，后在加州大学伯克利分校担任中国艺术文化和历史的教员。现摘选其著作如表2-1。

表2-1 亨利·哈特出版物统计表（以出版年份为序）

书名	出版年份	出版社	备注
《中国市场》（*The Chinese Market: Lyrics from Chinese in English Verse*）	1931	北京法文书店	译著

① 孙碧奇，民国时期的著名外交官，毕业于清华大学和斯坦福大学，后在旧金山领事馆任职，除此之外，还在马来西亚吉隆坡总领事馆、菲律宾公使馆、泰国“大使馆”等使领馆任职，就职期间大力推动中外文化交流，成果显著。

续表

书名	出版年份	出版社	备注
《百姓》(*The Hundred Names: A Short Introduction to the Study of Chinese Poetry with Illustrative Translations*)	1933	加州大学伯克利分校出版社	译著
《西厢记》(*The West Chamber: A Medieval Drama*)	1936	斯坦福大学出版社	译著
《俗谚七百首》(*Seven Hundred Chinese Proverbs*)	1937	斯坦福大学出版社	译著
《牡丹园》(*A Garden of Peonies*)	1938	斯坦福大学出版社	译著
《马可·波罗：威尼斯冒险家》(*Marco Polo: Venetian Adventurer*)	1942	斯坦福大学出版社	著作
《通往印度的航海之路》(*Sea Road to the Indies*)	1950	麦克米兰出版公司	著作
《卖炭翁及其他诗歌》(*The Charcoal Burner and Other Poems*)	1974	俄克拉荷马大学出版社	译著

从亨利·哈特的出版物中可以明显看出，亨利·哈特是一名对中国文化，尤其是中国古典诗歌造诣颇深的汉学家。他以极大的热情翻译出版了数本涉及中国古典诗歌、民间谚语、戏曲等方面的作品，更加难得的是其中部分作品在当时是畅销书，所以他在翻译和介绍中国文化方面做出了巨大的贡献。同时，他在浩瀚无边的中国戏曲作品中选择了《西厢记》进行翻译，也体现了他有别于当时其他汉学家和翻译家的学术见识及眼光。

这一阶段，《西厢记》在英语世界登台亮相。1935 年、1936 年，《西厢记》相继诞生了两个译本，恰好由一中一西两位译者分别完成。此阶段作为《西厢记》在英语世界译介历程的开端，具有比较明显的特征。

特征之一是《西厢记》译者身份以学者为主。熊式一是熟悉中国传统戏曲并在西方留学的学者，而亨利·哈特是对中国传统文化颇有造诣的西方汉学家。熊式一和亨利·哈特两位译者的身份与其他中国文学典籍的译者有着明显区别，诸如《红楼梦》《水浒传》《聊斋志异》等经典中国文学作品的英译几乎都是由英美传教士或外交官开启的。究其原因，戏曲的翻译难度是一个关键因素，戏曲翻译和小说不同，文中有大量的诗歌和数不胜数的典故、传说和谚语等内容，翻译难度可想而知。此外，与小说等其他文学形式相比，戏曲作品的故事性较弱，传教士或外交官等身份的译者一般背负自身的意识形态或政治任务，而戏曲在被翻译过程中改写和操纵的空间较小，难以满足此类译者翻译之外的其他目的。

特征之二是选本集中于金圣叹评点本。金圣叹的《贯华堂第六才子书西厢记》在20世纪的国内外具有巨大的影响，在情节结构发展、人物性格塑造、艺术创作方法等方面进行了深度的点评，其影响一直持续到清代，直接影响了后来其他点评本的出现，直至近代仍是许多人心目中的最佳版本。熊式一和亨利·哈特两位译者受金圣叹的点评影响颇深，不仅选择了其版本，也都同意其关于《西厢记》第五本质量不佳，难以与前四本相提并论的观点。关于译本具体是如何以金批本为底本展开翻译的这部分内容，主要在第三章进行详细论述。

三、探索期——各具特色的译本

20世纪70年代，世界戏剧的发展走上了高速道路，美国戏剧尤其活跃。在美洲大陆上，荒诞派问世，实验戏剧兴起，地方剧作家也逐渐增多，整个美国戏剧界呈现出欣欣向荣的活力。世界戏剧快速发展的其中一个后果是西方戏剧内部逐渐无法满足其快速发展的需求，于是许多欧美戏剧家将眼光投向了东方戏剧，其中就包括中国戏曲。中国戏曲有着与西方戏剧截然不同的传统，在舞台的虚幻性、表演的虚拟性和故事的想象性中蕴含着巨大的艺术能量，这些特点为西方戏剧家所重视，于是中国戏曲典籍的外译活动也随之活跃起来。此外，随着70年代中美关系的正常化，中美两国的交流逐渐增多，期间许多中国文学作品借着这一潮流的推力传播到了欧美，《西厢记》就在其列。

（一）改译后的舞台剧本——亨利·威尔斯

1972年，美国哥伦比亚大学教授亨利·威尔斯（Henry W. Wells）将《西厢记》译为*The West Chamber*，收入由企鹅出版社（Penguin Books）出版的《四部亚洲经典戏剧》（*Four Classical Asian Plays*）一书。亨利·威尔斯曾任哥伦比亚大学布兰德·马修斯戏剧博物馆（Brander Matthews Dramatic Museum）馆长，与此戏剧博物馆理念相当契合的是他认为戏剧应该更多地存在于舞台，价值也在舞台，谈到戏剧必须涉及表演。[①]除翻译《西厢记》外，他对亚洲其他国家戏剧，如印度戏剧也研究颇深，著有与戏剧相关的多种著作。1965年由纽约亚洲出版社（Asian Publishing House）出版了《东方传统戏剧》（*The Classical Drama of the Oriental*），威尔斯在此书中分别探讨了中国戏剧、印度戏剧和日本戏剧，分析了这三种戏剧同为亚洲戏剧的内部差异，并在东西方戏剧的视角下对亚洲戏剧的文学特质和舞台演出进行了考察。

与之前的译本有所不同，威尔斯的译本重视押韵，是第一个押韵版的《西厢记》英译作品。译文后附有对约翰·胡（John H. J. Hu）的专访，他从舞台表演的角度，从脚本改编、人物刻画、演出服装、舞台设置、演员表演、戏剧音乐六个方面对《西厢记》的演出提出了具体意见。由此可见，此版英译本《西厢记》主要是作为舞台表演的剧本，而非阅读文本。亨利·威尔斯的翻译与其说是《西厢记》的译本，不如说是《西厢记》英文舞台演出本。因为亨利·威尔斯本人并不懂汉语，故其译本是由亨利·哈特的译本转译而成的，其中又为了便于西方普通读者接受而经过改写，所以将其看作改译本。

---

① 19世纪末20世纪初，美国戏剧的发展引领着全球戏剧，这一时期布兰德·马修斯相信真正的戏剧存在于表演而不是文本之中，在这样的理念下创办了哥伦比亚大学戏剧博物馆。布兰德曾改编撰写了多部戏剧，如《一座金矿》（*A Gold Mine*，1887），《缓刑》（*On Probation*，1889），还曾在多个文学戏剧机构担任要职，是美国享有盛名的成功戏剧家。

翻译语言上唱词宾白语句简短，读起来颇具诗意，与之前的译本相比多了一分可供诵读的意趣，也为国外读者提供了一种新的方式来接触《西厢记》。

（二）《西厢记》改编本——赖恬昌和加马雷基安

1973 年，赖恬昌（T. C. Lai）和加马雷基安（S. E. Gamarekian）合译的改译本《西厢记》以 *The Romance of the Western Chamber* 为名在香港由海纳曼教育书局（Heinemann Educational Books）出版。[①] 译者赖恬昌是中国著名翻译家和教育家，香港翻译协会的荣誉院士，一直以英文写作，出版了数十部介绍中国文学文化的著作，见表 2-2。

表 2-2 赖恬昌（T. C. Lai）出版作品摘列

书名	作者	出版年份	出版社
Leaves of prayer: the life and poetry of He Shuangqing, a farmwife in eighteen-century China: selected translations from Shi Zhenlin's West green random notes	Elsie Choy; Chinese calligraphy by T.C. Lai	1993	Chinese University Press
江山卧游：赖恬昌书画	赖恬昌	1999	University Museum and Art Gallery, University of Hong Kong
Hong Kong: a pictorial homage	T.C. Lai	1994	Hong Kong Book Centre
Chinese Painting	T.C. Lai	1992	Oxford University Press
Magic mountains: the art of Yu Chengyao	T.C. Lai	1987	Kelly & Walsh
Noble fragrance: Chinese flowers & trees	T.C. Lai	1985	Swindon Book Co.
At the Chinese table	T.C. Lai	1984	Oxford University Press

① 笔者暂时没有搜集到关于 S. E. Gamarekian 的资料，一说其为美国学者，但并无更多细节，所以本研究中主要讨论第一译者赖恬昌的翻译活动。

续表

书名	作者	出版年份	出版社
山水皴法 *Brushwork in Chinese landscape painting*	赖恬昌	1983	中华书局香港分局
To the Yellow Springs: The Chinese View of Death	T.C. Lai	1983	Joint Pub. Co. & Kelly & Walsh
Chinese Calligraphy: An Introduction	T.C. Lai	1982	Seattle University of Washington Press
印章艺术	赖恬昌编；赖嘉年翻译	1979	中华书局香港分局
书法艺术	赖恬昌著；赖嘉年翻译	1980	Chinese University Press
Chinese Food for Thought 食谈	T.C. Lai	1978	Hong Kong Book Centre
Selected Chinese Sayings: Translated and Annotated 成语选译	T.C. Lai	1966	University Book Store

从表 2-2 可以看出，赖恬昌不仅熟悉中国戏曲，对中国文化的推广也不遗余力。他的著作涉及与中国文化相关的方方面面，几乎是向外国人全方位地介绍中国，美食、书法、国画、成语、诗歌等均包含在内。阅读这些书籍可以明显感受到他简洁明了的文风，是对外介绍中国文化的绝佳材料，这样的风格也影响了他对《西厢记》的翻译。

译者在序言中介绍了《西厢记》的故事来源和创作过程，同时言明他们译本的底本取自某个《西厢记》选本。因王实甫创作的《西厢记》有五本二十一折，从长度上来说无法在一晚演完，所以后来在长期的演唱实践中，逐渐出现了从全本戏中摘选情节精彩且比较完整的一折或几折的折子戏，赖恬昌与加马雷基安选择的底本就是其中某部共五折的选本。与亨利·威尔斯译本截然不同的是，赖版两位译者强调自己的译本是为阅读，而非表演所作，故在翻译过程中删掉了演员出场时的独白，也省略了每场开始提示观众前情的内容，其译本更像是在《西厢记》的基础上改译的英文故事。在翻译文字处理上，面对一些具有中国传统文化特色的词，译者们用英语中类似的委婉语进行代替；而面对一些中国谚语、格言、传说和教诲等内容，则进行了不同程度的加脚注或解释性内容的处理。译者自言，希望“读者可以从中感受中国文化、哲学和传统，如长幼关系、科举制度等”。正如林语堂所作序中评价的一样：“虽然这部译作不是逐字逐句的翻译，而更倾向于灵活的改编，但读者们可以在阅读中感受到与阅读这部中国古典戏剧原著时同样的意趣。”[①] 所以，赖恬昌出于向西方人传播中国文化的目的，翻译了《西厢记》，在翻译的过程中对原文进行了大量的改编和改译，最终形成的是更适合西方普通读者阅读、语言简洁通俗的大众读本。

这一时期的《西厢记》英语译介进入了探索阶段，译者体现出与30年代截然不同的戏剧态度。《西厢记》的英译走向了全面发展，不同的译者尝试用各自独特的艺术眼光去解读、阐释和翻译这部经典作品。究其原因，这样的现象与国家支持中国戏曲走出去有很大关联。这一时期中国将译介本国文学作品当成促进中外文化交流的大事，给予了充分的关注，大力支持各类艺术团体出国访问表演。这些演出空前扩大了中国戏曲的国际影响力，尤其吸引了当时处在世界剧坛中心的美国戏剧理论家们的注意。

除此之外，《西厢记》英译本的多样化也体现了世界其他国家的戏剧家对中国戏曲研究程度的加深。西方戏剧创作者和理论家对戏曲的态度从不理解不认可逐渐过渡到感兴趣想研究，这是中国戏曲在世界剧坛迈出的重要一步，直接影响了戏曲在世界戏剧中地位的确立。同时，西方戏剧也在寻求自身的出路。西方戏剧改革潮流不断向前涌动，西方戏剧创作者要突破新古典主义“三一律”的创作模式，而中国戏曲恰如雪中送炭，为他们带去了充满想象和自由色彩的戏曲艺术。

这一时期译者的探索极有价值，是整个《西厢记》外译历程中重要的一

---

① T.C. Lai and S.E. Gamarekian,*The Romance of the Western Chamber*, Hong Kong: Swindon Book Company, 1973.

环。既探索了《西厢记》在英语世界的诸多可能性，为之后的译者提供了卓有价值的借鉴，推动了《西厢记》英译的进程；同时也证明了《西厢记》这部伟大戏曲生生不息的强大艺术生命力，其文学艺术价值完全可以经受住时间的考验，并且具有不断焕发生机的潜力。

四、稳定期——学者型翻译

第二次世界大战后，欧洲的经济和文化遭受重创，其世界汉学研究中心的地位也受到了动摇。战争使得欧洲的汉学研究被迫中断，几位知名的法国汉学大家在战争中相继去世，研究经费大大削减，研究人员大量流失；而美国由于本土远离战场，汉学研究未曾中断，尤其是战后在设立研究机构和招募全球各国研究人员上投入了大量的资金，使汉学研究的中心逐渐转移到了美国。《西厢记》的英译活动也呈现出从欧洲到美国的过渡，并且最终在美国汉学家的翻译下确立了经典地位。美国汉学，通常名为中国研究（Chinese studies），与传统欧洲汉学（Sinology）有一些区别，其中最主要的是美国汉学更加注重实用性，尤其看重中国政治、经济和社会方面的研究。许多著名的西方戏曲研究者如白之（Cyril Birch，曾英译《牡丹亭》），韩南（Patrick Hanan）等便是如此。[①] 在戏曲研究上，元杂剧研究一直是美国汉学家们最关注的领域之一。研究中国戏曲时，他们喜欢翻译与研究并进，不仅撰写各类学术或批评文章，更喜欢亲自翻译；而几位有大成的汉学家更是利用美国的资料和文献优势，不断深挖戏曲研究的新文本、新材料。这一时期的《西厢记》出现了两个迄今为止最全面、最翔实的学者型译本，均由汉学家译出。

---

① 韩南，Patrick Hanan，新西兰学者，主要研究领域是金学及红学、中国白话小说研究、对李渔的研究等。研究中通常进行大量文献考证，并且善用西方文论研究中国古典文学，是美国最有成就的研究中国古典小说的专家之一。

（一）欧洲汉学传统的继承者——杜为廉

1984年，英国著名汉学家杜为廉（威廉·杜比，William Dolby）翻译《西厢记》为*West Wing*，由英国加里东尼出版社（Caledonian Publishing Company）出版；2008年，以译名*West Wing, China's Most Famous Drama*在英国由其个人的凯瑞格出版公司（Carreg Publishers）再版，封面印有“英译王实甫西厢记杂剧”字样。此书在国内无处可购，国家图书馆及几家较大规模的图书馆亦无收藏，笔者几经辗转联系上杜为廉教授之子，获得其私人所藏。不仅如此，他还翻译了《西厢记诸宫调》（*West Wing Chantefable*），足见其对“西厢”故事的垂青。

杜为廉是公认的研究中国历史、文学和语言的专家，这个名字就是威廉·杜比为自己所起的中国名字。他年轻时受训于英国皇家空军，后来在伦敦东方研究所学习，在剑桥基督学院获得了博士学位，最后于爱登堡大学东方学系退休。可以说，他的一生都奉献给了中国研究、写作和翻译。除《西厢记》外，他还翻译了《戏剧八种》（*Eight Classical Plays*）、《长生殿》（*The Long*）等，并将这些作品编为中国文化系列图书（*Chinese Culture Series Book*），发行超30余卷，内容涵盖了中国民间小说、中国谚语俗语等，在欧洲汉学界有较大的影响。另外，他还著有《中国戏剧史》（*The History of Chinese Drama*）（1976）、《中国戏剧：从起源到现在》（1983）。杜为廉著作摘列见表2-3。

表2-3 杜为廉著作摘列

书名	出版年份	出版社	备注
War Lords（《史记》）	1974	Southside Publishers Ltd.	与John Scot合译
The Perfect Lady by Mistake and Other Stories	1976	Paul Elek Publishers	

续表

书名		出版年份	出版社	备注
A History of Chinese Drama		1976	Elek Books Ltd., London	教材
Lao She, Mr Ma and So		2003	self-published	2013 年收入企鹅丛书
Eight Chinese Plays from 13th Century to the Present		1978	Paul Elek Publishers	
Whistling Free: The Complete Non-dramatic Lyrics of Ma Zhiyuan (1260-1325)		1992	Wellsweep Press	
Chinese Culture Series	*No.1: Kuan Han-Ch'ing: China's First Playwright*	2003	Self-published	Written in 1967
	No.2: Bring on the Wine and Other Poems by Li Pai	2004	Self-published	
	No.3: Chinese Poetry Through the Ages: An Anthology	2003	Self-published	
	No.4: Chinese Short Stories - Spanning 2000 Years	2016	Self-published	

从杜为廉已出版的著作可以看出，他是专攻中国古典文学，尤其戏曲的研究者。他对中国戏曲的认识与几十年前的学者和译者相比是绝对专业的。例如，对元杂剧中词曲的态度，早先的不少译者认为中国戏曲唱白兼备十分古怪，但杜为廉深知曲词是元杂剧基本的要素和精髓，而且并不会削弱故事情节的力量；同时，他也曾阐释音乐在元杂剧中的重要性。杜为廉的汉学背景和其对中国戏曲的深入研究，对他的译本也有相当的影响。在故事理解上，杜为廉认为张生与崔莺莺就是中国的“罗密欧与朱丽叶”，但是故事更宏大，当时面对的道德压力更大，所受阻挠更严峻。在译文的处理上，翻译细致，注释丰富，对典故、传说等内容进行了详细的介绍。翻阅译本，从几乎每页

都有的注释和书后长长的附录可以感受到杜为廉作为一名译者，同时也是汉学家的学者型翻译风格。可以说，他的译本不仅是《西厢记》的英译本，同时也是一部学习《西厢记》，了解中国文化的绝佳教材。

（二）美国汉学的领军者——奚如谷和伊维德

美国汉学的快速发展在中国戏曲领域体现得尤为明显，这一时期美国的汉学家翻译出版了多部中国戏曲作品，《西厢记》就在其列，译者为奚如谷和伊维德。美国汉学研究的领军人物奚如谷（Stephen H. West）与荷兰籍汉学家伊维德（Wilt L. Idema）合作翻译了《西厢记》，以 *The Moon and the Zither: The Story of the Western Wing*（《月与琴：西厢记》）为名于 1991 年由美国加利福尼亚大学出版社（University of California Press）出版，并于 1995 年以 *The Story of the Western Wing* 为新名再版。首版精装本附录中有中国美术学院姚大钧（Yao Dajuin）教授所写的《读戏的愉悦：弘治本〈西厢记〉插画》（*The Pleasure of Reading Drama*），文章主要介绍了明弘治本《西厢记》木刻版画和小说插图，并在文中附有原书上图下文的影印图，精美非凡。两位汉学家译者选择了目前为止发现最早、最全且最权威的明弘治刊本作为底本，而非广为流传的金圣叹评点本，此举在白之为其所作序言中被称是“明智的”。[①]

英译本封面写有“奚如谷与伊维德介绍、编辑和翻译”的文字，这可以看作译本最称职的宣传语。因为两位享有盛名的汉学家不仅翻译，同时还为译本撰写了长达 150 页共五部分的介绍，从王实甫《西厢记》在中国文学史上的地位、作者其人、《西厢记》故事流变、《西厢记》写作创新和故事介绍等几个方面详细介绍了这部被他们称作“中国最伟大爱情故事”的作品。从翻译内容上可以看出，译者的目标读者非常明确，即英语国家的学者和学生。

---

① Stephen H. West and Wilt L. Idema. *The Story of the Western Wing*, Berkley: University of California Press, 1995, pp.125-126.

在翻译策略上，译文以直译为主，对中国文化相关表达另加脚注进行详细的说明，翻阅时会发现几乎页页有注。另外，书后还附有词汇表、引用文献及索引。可以说，这是目前为止最为完整的《西厢记》英译本。翻译语言优雅规范，用词深思熟虑，以对原作极为忠实的态度为全世界的读者提供了一部高质量的《西厢记》英文译本。蒋星煜曾高度称赞该译本，认为“这一部《西厢记》译本实在是非同寻常，可以说是中外戏剧交流、中外文化交流中的重大事件，必将产生十分深远的影响”①。

奚如谷，1944 年生人，密歇根大学（University of Michigan）东亚语言与文学博士，早年曾游学于中国、日本、德国、澳大利亚等地，可运用多国语言治学，其中包括文言文和现代汉语。现任亚利桑那州立大学（Arizona State University）汉学系“创始教授”（Foundation Professor）和系主任，是当前美国汉学的权威之一。另一位译者荷兰汉学家伊维德自 1968 年大学毕业后，在汉学研究领域耕耘了整整半个世纪，学术成果丰硕，是位被西方汉学界确认的精通中国古代通俗文学的学者。2000 年以前，伊维德主要在荷兰莱顿大学执教。后来随着世界学术包括汉学在内的中心向美国的转移，到哈佛大学任东亚语言与文学系中国文学教授，并于 2004 年任费正清东亚研究中心主任，期间发表了许多以中国古典文学尤其是戏曲为对象的研究论文，如《贬夜郎——舞台上的李太白》②，文中解读了杂剧《李太白贬夜郎》中李白的形象。

这一阶段中国经济发展迅速，改革开放为世界了解中国打开了一扇门，使外部世界迫切想要了解关于中国的一切。这样的需求同样反映在中国文学的外译上，《西厢记》英译的风格逐渐固定，相继诞生了两个学者型全译本。

专精于中国戏曲的汉学家体现出与前人译者截然不同的戏曲专业知识和

① 蒋星煜：《西厢记研究与欣赏》，上海辞书出版社 2004 年版，第 335 页。

② Wilt L. Idema:“*Banished to Yelang. Li Taibai Putting on a Performance*”,《民俗曲艺》，2004 年第 145 期，第 5—38 页。

艺术鉴赏力。明弘治岳刻本《西厢记》在20世纪40年代燕京大学图书馆向北京大学图书馆转移馆藏时被发现，是现存最早的完整版本，不仅带有注释，每页还有精美插图。杜为廉、奚如谷和伊维德均选择了此弘治本作为翻译的底本，共五卷二十一折。如此选本体现了译者的选本意识在不断增强，同时译文质量也在不断提升。

其传播对象主要是欧美大学汉学及中文专业的师生。英语国家的大众读者对这一时期的《西厢记》英文版可能因为文化障碍及不同的诗歌传统而产生陌生感，从而导致阅读困难。但对于专业学习者来说，这些忠实于原文、注释详尽的版本反而是学习中文、了解中国文学的极佳教材。如此，《西厢记》在海外经典地位的确立可以说是由汉学家的推动逐渐建立的，这一点将在后文展开论述。

五、瓶颈期——中国译者后继乏人

20世纪末21世纪初是世界政治经济版图不断重新划分的时代。中国改革开放后经济飞速发展，国力逐渐强盛，欧洲各国战后元气大伤，美国依旧保持其自二战后逐渐稳固的世界大国的地位不变，在政治、经济、科技、文化艺术等方面领先于全球。尤其是在高等教育和科技发展上投入了巨大的资金，吸引了众多欧洲学者移民美国，投身于美国的发展之中。前文提到的伊维德教授也是在这一时期从荷兰来到了美国，对美国的学术研究具有巨大的推动作用。

戏曲在国内外地位的变化也成了影响《西厢记》及其他戏曲典籍外译的重要因素。从20世纪80年代起，随着科技的发展和多种信息媒介的兴起，中国人的日常娱乐方式产生了巨大的变革。戏曲在国内的地位迅速下滑，戏曲行业逐渐萧条，戏曲观众也大量流失，尤其是年轻人对戏曲的兴趣逐渐减少，可以说国内戏曲逐渐步入一个略为尴尬的境地。令人感到惊讶的是欧美，尤其是美国对中国戏曲的态度。当时的美国出现了“京剧热”，美国各地高校经常组织英语京剧剧目演出。夏威夷大学戏剧系博士魏丽莎指出：“在国外，京剧的成人观众在不断增加。从 8 年前开始，大量京剧团和演员、学者们纷纷到国外演出或讲学。通过他们和研究中国戏剧的外国学者们，在诸如梅兰芳于本世纪前半叶打下的基础的不懈努力，外国人对京剧的兴致与爱好逐渐提高了。至少，在美国，人们渴望看到更多‘严肃’的、有更多唱段的文戏。”[①] 从这段话中可以得出一些重要的信息：一是美国人对中国戏曲的兴趣有了显著的提升，希望能看到更多中国戏曲。二是渴望看到更多“文戏”，这一点尤为重要。在过去西方人对中国的自有想象中，中国的形象是十分固定且陈旧的，而对戏曲的观念更是如此，历来都更加倾向于观看“武戏”内容较多的戏曲，认为这样才是“中国的特色”，而“文戏”却“十分幼稚”“没有审美价值”。美国观众对“文戏”的青睐，则代表着西方观众对中国戏曲的认识上了一个台阶。

（一）中国译者再次发力——许渊冲

到目前为止，最新的《西厢记》全译本由中国著名翻译家许渊冲于 1992 年译成，由外文出版社以 *Romance of the Western Bower* 的译名出版，共四本，止于“惊梦”（Dreams）。1997 年，湖南人民出版社出版了汉英对照中国古典名著丛书之《西厢记》，许渊冲在上个译本的基础上增加了最后四折的翻译。此译本于 2000 年被收入大中华文库（*Library of Chinese Classics*），以《大中华文库・西厢记》为名仍由湖南人民出版社出版。

许渊冲，1921 年生于江西南昌，据说《西厢记》的首位英译者熊式一是其表叔，所以在家学的影响下走上了文学和艺术的道路。1938 年，他考入国立西南联合大学外文系，大学一年级时就曾把林徽因的诗《别丢掉》译成英

① 魏丽莎：《一个美国人对今日中国京剧的看法》，《戏剧报》，1986 年 10 月号。

文，发表在《文学翻译报》（1936）上，这是他的首个译作。此后许渊冲就一直从事文学翻译，笔耕不辍，语言涵盖中、英、法三种，尤其擅长诗歌翻译，翻译了大量的国内外诗歌，在国内被誉为“诗译英法第一人”。除两次英译《西厢记》外，他还著有大量英法译作，见表 2-4。

表 2–4 许渊冲译著及专著摘列

书名	出版年份	出版社	备注
翻译的艺术	1984	中国对外翻译出版公司	
中诗英韵探胜：从《诗经》到《西厢记》	1992	北京大学出版社	
文学翻译谈	1998	书林出版有限公司	
中国古诗词六百首：中、英对照	1994	新世界出版社	英译
哥拉·布勒尼翁	1958	人民出版社	法译
人间春色第一枝 *The First Branch Blooming on Earth* 诗经·国风欣赏	1992	河南人民出版社	英译
唐诗一百五十首	1984	陕西人民出版社	英译
汉魏六朝诗一百五十首	1996	北京大学出版社	英译
中国古诗词三百首（上、下）	1999	北京大学出版社	英译
唐宋诗一百五十首	1995	北京大学出版社	英译
毛泽东诗词选	1993	中国对外翻译出版公司	英译

作为一名中国译者，许渊冲翻译《西厢记》的优势是显而易见的。加之译者本身熟悉中国传统文化，译有许多中国古典诗歌作品如《诗经》《唐诗三百首》《宋词三百首》等，翻译王实甫诗意十足、文采斐然的词句更是得心应手。在译者本人提出的“三美”翻译标准下，将直译和意译相结合，最后呈现出的译文语言清新流畅，可读性很强。许渊冲也在前言中说之前熊式一和奚如谷的译本均是散体译文，而他的译本是韵文本，其中唱词全部译成韵文，说白则是散文。许译本读来朗朗上口，颇有诵读中国古诗的意韵。同时，许渊冲选用了金圣叹版《西厢记》为底本。受金圣叹评论影响，译者初次翻译《西厢记》时仅翻译了前四本。

许渊冲是目前国内首屈一指的翻译大家，在翻译界享有盛名。他的各类译本多次出版并被收入“中国文化著作翻译出版工程项目”“大中华文库”等。近几年，电视媒体的宣传更是吸引了不少观众和读者重新关注中国古典诗歌及其英语翻译。许渊冲不仅在翻译工作上卓有贡献，同时善用个人影响力，在引领社会大众对古典诗歌的欣赏、品鉴和传播上也是功不可没的。

（二）后继乏人的尴尬局面

自许渊冲的译本诞生至今已然过去了 30 年，与 20 世纪不断被重译的盛况相比，现在的《西厢记》在英语世界则进入了一个相对冷淡的时期。21 世纪是科技全面发展的时代，信息大爆炸，各种媒介形态层出不穷，网络逐渐占领了人们的生活，这样的时代背景对于各个行业来说都是全新的挑战，但对于无论是观众人数还是行业规模都逐渐萧条的戏曲来说则可以看作一个新的机遇。

客观上，国外古典文学或经典作品，在 21 世纪经过内容上的重新改编或者技术手段的创新，具有焕发新机的可能性。比如莎士比亚的代表作《哈姆雷特》，2015 年全新版本，由本尼迪克特·康伯巴奇（Benedict Cumberbatch）主演，被评价是一部为如今躁动不安的世界量身定做的《哈姆雷特》，成为伦敦历史上销售最快和观看人次最多的舞台剧。这部剧的改编者删掉了原剧本中修饰性的华丽辞藻，同时改变了场幕的旧结构，使得最终的舞台效果不仅满足了现代人的观剧需求，也保留了浓厚的传统莎士比亚特色。在形式上，哈姆雷特和朋友霍拉旭、心爱的姑娘奥菲莉亚几乎都以当代造型和方式出现；在舞台设计上，下半场原本贵族的阁楼厅堂都覆盖了一层厚厚的黑色渣滓，以此体现世间万象的崩坏倾覆感。种种成功表明这一版本的《哈姆雷特》舞台剧注定要成为经典，也成功地将莎士比亚戏剧带入了一个全新的时代。

《西厢记》的艺术生命力决定了它具有在 21 世纪继续被翻译、被改编的主观条件。王实甫的《西厢记》是可以与莎士比亚最优秀的戏剧比肩的艺术珍品。王实甫和莎士比亚都具有无与伦比的语言魅力，王实甫的文风雅俗共赏，而莎翁的语言具有既正统又诙谐的双重魅力；同时作为东西方戏剧最具代表性的剧作者，王实甫和莎士比亚分别继承了东西方截然不同的戏剧传统，代表了世界戏剧的一流水准；最重要的是，《西厢记》里崔莺莺和张生大胆反抗，勇于追求爱情，追寻人性中最本真的部分和莎士比亚的表述更是遥相呼应。《哈姆雷特》仅 21 世纪就有 9 部改编电影问世，值得注意的是，这些改编的国家除英国之外还有法国、波兰、意大利等，这足以证明莎士比亚戏剧的跨时代性和跨国别性得到了全球各国文化的普遍认可。与之相比，《西厢记》显然还有很长的路要走。

显然，新时期的《西厢记》需要用新的时代语言去理解、阐释和翻译。然而现实是，目前尚未有完整译本问世，国内对《西厢记》英译研究的缺失也难以起到推动翻译工作的作用，导致目前《西厢记》在英语世界的译介发展缓慢，甚至陷入了后继乏人的危险境地。

全面考察《西厢记》在英语世界的历程，可以明显看出其英译具有典型的阶段性，同时每个阶段由于其时代背景和文化语境的不同，也具有各自的特点。这样的现象在整个中国戏曲典籍外译过程中其实并不罕见，所以《西厢记》英译历程的特性可以延伸为中国戏曲典籍在英语世界“旅行”的共性。从这一点来说，其具有重要的意义。

主导《西厢记》在英语世界发展的有一明一暗两条线索。明线是中西方国家实力对比及其带来的文化天平的倾斜。中国的综合国力从 19 世纪末到 20 世纪末的百年间经历了翻天覆地的变化，19 世纪末的中国经济文化全面落后于世界的发展进程，彼时的欧美国家还在宣扬“东亚病夫”，由此决定了中国在世界文化版图中的边缘地位。在这样的历史条件下，西方世界对中国戏曲的态度可以说是轻蔑和不屑的，认为戏曲是一种落后的甚至是滑稽可笑的表演。20 世纪后期中国经历了改革开放和几十年的努力发展，国力迅速增强，国家地位也有了显著的提升，世界就以一种全新的、探究的眼光来看待中国，对中国文化重视起来；不仅如此，政治经济的强大带来了以国家为主导的中国戏曲在海外的多个出版及演出项目，这对扭转中国戏曲在世界文化中的地位也有着不可忽视的作用。暗线是西方戏剧自身的发展。西方戏剧起源于古希腊，之后就进入了不断自我更迭和进化的过程。西方戏剧也是历史悠久的艺术，同时得到了较好的传承。西方戏剧在强盛期的时候，其本身并没有向其他戏剧借鉴的内在需求，于是对其他戏剧，比如中国戏曲的态度就较为冷淡；而当西方戏剧发展受阻，有新的戏剧思想，或社会上文化思潮蓬勃发展的时候，便倾向于从外界，也就是以中国为代表的亚洲戏剧和文学寻找新的思路，同时更愿意以开放的心态面对中国戏曲。至今中国戏曲在英语世界的发展仍或多或少地受这两条线索的影响，21 世纪进入第二个 10 年，中国现在是世界一流强国，一举一动受到全世界的瞩目，这对于中国戏曲来说是一个千载难逢的机会，吸引世界目光，借势进行海外传播是我们必须做的选择。

第三节 《西厢记》在英语世界的经典化过程

自古以来，无论是中国还是西方都诞生了无数的文学作品，其中大部分随着时代的变迁消逝在历史的长河中，但有一些虽然历史久远，却仍旧被一代又一代的读者所铭记，并流连于研究者的桌案上。这些具有长期的、旺盛生命力的文学作品在经历了不断被解读、被阐释、被改编、被研究的过程后仍然具有活力，我们通常称之为“经典”。那么学术上的经典是什么？文学作品又是如何成为经典的呢？

一、经典和经典化

"经典"（canon）一说源自古希腊的kanon，意为"尺度"，是教会用来确认《圣经》中"真经"和"伪经"的标准。后来这一概念逐渐扩展到文学批评领域，被认为是具有天才性和独创性的作品。[①]在此基础上，我们可以将文学中的"经典"理解为：能够经受时间考验，且具有较高艺术价值的文学作品。那么翻译文学中的"经典"应当如何认定呢？查明建认为："翻译文学'经典'有三种含义，一是指翻译文学史上的杰作，二是指翻译过来的世界文学名著，三是指在译入语特定文化语境中被'经典化'（canonized）了的外国文学（翻译文学）作品。"[②]这一说法对翻译文学进行了概括性定义，将翻译文学经典分为三个种类，但却没有进一步说出翻译文学"经典"的特点。所以，可以认为翻译文学中的"经典"具有这样的特点：经过翻译的、具有世界影响力的、生命力长久的、艺术价值高的文学作品。

在确定了"经典"的内涵后，本研究中的"经典化"显而易见就是指翻译文学作品成为经典的过程。一个国家的文学经典在其他民族、国家和地区的经典化过程通常具备不断被重译、再版，文学和文学批评界的持续关注，读者的广泛阅读和评论，被多个图书馆和高等教育机构选用，成为教材或某一学科的参考书目等环节。在比利时比较文学和翻译学大家安德烈·勒菲弗尔（Andre Lefevere）看来，文学系统受到内外两种力量的控制：一种是来自内部的"专业人士"（professionals），其中包括译者、教师、评论家等；另一

① Wolfreys, J. & R. Robins. *Key Concepts in Literary Theory*, Edinburgh: Edinburgh University Press, 2002, p.15.

② 查明建:《文化操纵与利用：意识形态与翻译文学经典的建构》,《中国比较文学》2004年第2期。

种是来自外部的“赞助人”（patronage），这两者的力量交替发生作用或联合推动，才能对一部作品的经典化产生真正的作用。下面将分别探索这两者对《西厢记》在英语世界的经典化过程所起到的推动作用，以明确《西厢记》在英语世界的经典地位是如何建立的。

二、《西厢记》的经典化路径

自1898年首个《西厢记》英译片段诞生，到1935年、1936年两个全译本先后问世，再到20世纪70年代后各种译本的繁盛，在这个过程中，其作为中国文学翻译作品的经典地位逐渐得到确认，其中主要的推动力是系统内部的专业人士，以译者和研究者为主。除此之外，赞助人也通过各种不同的机构发挥了作用，推动《西厢记》经典化的进程。

（一）译者

在《西厢记》的对外译介过程中，译者是促成其经典化的主要力量，这些译者遍布中国、北美和欧洲，均是翻译和汉学领域的名家。译者对《西厢记》的翻译不仅是实现其经典化的基础，更是译本质量的保证。当译者经过一番努力后，只有生产出了艺术价值高、可读性强、具有吸引力的译本才能真正吸引读者，并不断扩大读者范围，提高译本的影响力；加之不少译者除了译者身份，还是知名的学者或研究者，对《西厢记》经典化的推动力量更是不言而喻。《西厢记》吸引了一代又一代中外译者的关注，如亨利·哈特、杜为廉、奚如谷、伊维德、许渊冲等，这些译者以自己擅长或认同的方式对《西厢记》进行了多次译介，对《西厢记》在英语世界的普及可谓厥功至伟。《西厢记》的首个英译本的译者是熊式一，他是开启《西厢记》在英语世界大门的第一人。在此之前，《西厢记》虽然已经在欧洲大陆通过其他语言有所传播，也具有一定的影响，但一直没有走进英语读者和观众的视野。熊式一虽然是中国学者，但在英国留学时专攻中西戏剧，对中国和西方的戏剧传统有着深入的了解。更重要的是，他曾成功地将京剧《红鬃烈马》改编为英文戏剧《王宝川》并获得了商业上的成功，所以他不仅是一名富有学识的译者和学者，更是一名成功的商人。改编《红鬃烈马》的经历虽然和他后来翻译《西厢记》的初衷有所不同，但不得不说正是这段经历促使他去重新审视英国的读者和观众对中国戏曲的态度，从而决心翻译"真正一流的中国戏曲"。熊式一翻译《西厢记》是具有开创性的，代表了中国学者对传统戏曲文学的重新认识和与之相关自信的真正觉醒。尤其是他善用自己在英美剧坛的重大影响力，打通《西厢记》在英语世界的道路，让英语世界的读者与这部伟大戏曲作品初次接触就如此亲密无间，何其幸运。英国诗人戈登·博顿利（Gordon Bottomley）在序言中直言"这一时期熊式一是对英国戏剧界最有影响力的中国人"，"这样的技术性（指翻译）工作正是我们目前所需要的，而熊式一帮我们实现了"。[①] 萧伯纳在看过熊式一的译本后，对《西厢记》有着很高的评价："我喜欢《西厢记》，远胜于喜欢《王宝川》。《王宝川》不过是一本平平常常老生常谈的旧式传奇戏，《西厢记》则是一首令人心爱的舞台好诗，可与我们最佳最妙的中古经典戏剧并驾齐驱。不过只有中国 13 世纪才能有这样美妙的艺术，把它在舞台上发挥出来。"[②]

除英国外，紧随其后的亨利·哈特也在美国出版了自己的《西厢记》英译本，以 *The West Chamber* 为名，以"一部中世纪戏剧"（*A Medieval Drama*）作为解释性标题。哈特的译本对《西厢记》的传播做出了较大贡献，因为他在此之前已是美国有名的汉学家，并翻译出版有《百家姓》（*The Hundred Names*）等介绍中国文化的书籍，拥有较为可观的销量和读者群，对《西厢

---

① S. I. Hsiung, *The Romance of the Western Chamber*, New York and London：Columbia University Press,1968, pp.xxxiii - xxxvi.

② 熊式一：《八十回忆》，海豚出版社 2010 年版，第 117 页。

记》在美国的推广是一股强大的助力。他的译本在再现原作的艺术魅力、保留中国特色文化和追求可读性之间达到了较好的平衡，质量较高。约翰·施赖奥克（J. K. Shryock）在其发表于《美国东方社会研究报》（*Journal of the American Oriental Society*）的书评中说道："哈特博士翻译得很好。译文可读性强，而且书中所附的学术研究也扎实可信……他的译本是精彩的。"① 哈特的译本将《西厢记》推向了大众阅读的视野中。20 世纪 70 年代，有别于之前两位译者的工作，亨利·威尔斯和赖恬昌在《西厢记》的译介过程中进行了多样化的尝试，使这部戏曲在英语世界从案头纸上跳跃起来，整体形象越加立体饱满，进一步扩大了《西厢记》的影响力。

20 世纪 80 年代后，杜为廉、奚如谷和伊维德这三位在欧美享有盛名的汉学家接连翻译了《西厢记》，这两个译本的诞生直接确立了其在英语世界的经典地位。杜为廉是英国汉学家，继承了欧洲汉学的严谨传统，是当代欧洲汉学最具代表性的研究者之一，研究涉及中国文化研究的各方面，出版有多部中国文化相关专著。他所著《中国戏剧史》一直是西方学者研究中国戏剧的必读书目。他以严谨全面的学者型翻译将《西厢记》进一步推向了欧美的高等教育机构和研究机构，使其走入了西方大学课堂，被列入英国汉学研究者和学习者的必读书目之中。大卫·罗伊（Daviad T. Roy）认为其译本可以取代此前所有译本。②1991 年，奚如谷和伊维德通过加州大学出版社出版了《西厢记》合译本，以弘治本《西厢记》为底本，完整翻译了全本，译本语言精妙，考证严谨，忠实还原了原作。奚如谷是美国汉学界的领军人物，至今

① J. K. Shryock, "Book Review: The West Chamber by Henry H. Hart", *Journal of the American Oriental Society*, Vol. 57, No. 2 (1937), pp.205-206.

② David T. Roy, "Book Review: The Moon and the Zither: The Story of the Western Wing by Stephen H. West and Wilt L. Idema", *Journal of the American Oriental Society*, Vol. 115, No. 4 (1995), p.703.

仍以70多岁高龄活跃在学术界，著作等身，桃李满天下，在西方汉学界的话语权不言而喻。伊维德是哈佛大学东亚文学与语言系的荣休教授，近半个世纪以来一直致力于中国古典文学研究。他是将中国古代通俗文学作品译为英文最多的西方学者，著有《一面中国古诗的镜子》《荷兰中国学研究：过去、现在与未来》等40余部著作，除了翻译《西厢记》，还翻译了《窦娥冤》《汉宫秋》等中国戏曲作品。白之评价其译本“尽可能地保留了原作的风格、用字、意象、双关，是翻译中国古典文学的新的、有益的尝试”。美国作家罗纳德·伊根（Ronald Egan）评价译本“有全面的介绍和详尽的注释，是《西厢记》英译的最佳成果”[①]。杜为廉、奚如谷和伊维德的译本最终确立了《西厢记》在英语世界的经典地位和归属，将《西厢记》推到了研究者和汉学学习者的面前，使其成了研究中国古典文学的必读教材。

（二）研究者

研究者在推动《西厢记》经典化的过程中同样扮演着重要角色。《西厢记》的海外研究者主要通过发表评论性文章、研究性论文，出版教材和相关专著等形式不断扩大其在海外的影响力。

海外学者开启《西厢记》研究的时间与译本诞生的时间差不多，从20世纪30年代至今，英语世界已有不少关于《西厢记》的研究，既有发表于学术期刊的论文，也有不少博士学位论文，这些论文代表了西方学术界关于《西厢记》的研究水平，是推动《西厢记》在英语世界尤其学术界经典化不可忽视的力量。其中，相关博士学位论文尤其可以体现西方《西厢记》研究的整体水平和进展。现将整理出的有关《西厢记》或对其有所涉及的博士学位论文总结如表2-5。

---

① ［美］艾朗诺（Ronald Egan）：《北美宋金元文学研究》，蒋树勇译，《北美中古学——研究概述与文献资料》，中华书局2010年版，第633页。

表 2–5　英语世界与《西厢记》相关的主要学位论文

论文题目	作者	时间	学校	论文类型
A Study of the Western Chamber: A Thirteenth Century Chinese Play	Shang-hsien Ho	1976	得克萨斯大学	博士学位论文
The Creation and Life of Cui Yingying (c. 803-1969)	Lorraine Dong	1978	华盛顿大学	博士学位论文
Xixiang Ji: A Study of Yuan Drama	Meredith G. Fosque	1983	乔治城大学	博士学位论文
Jin Shengtan's Commentary on the "Xixiang Ji"(The Romance of the Western Chamber)	Sally Kathryn	1993	哈佛大学	博士学位论文
An Idealism of Romance in Xixiang Ji- A Historical Study	Jong Wan	1996	夏威夷大学	博士学位论文
Fragmentation and Framing of the Text: Visuality and Narrativity in Late-Ming Illustrations to the Story of the Western Wing	Meng-ching Ma	2006	斯坦福大学	博士学位论文
The Evidence and Importance of Qing in Chen Hongshou's Illustrations for Xixiang Ji	Wan Kong	2011	加州大学戴维斯分校	硕士学位论文
Commentary, Illustration, and Cross-Generic Writing in Paired Editions of Xixiang ji and Pipa ji	Yinghui Wu	2014	华盛顿大学	博士学位论文

其中，梅雷迪斯·佛罗斯科（Meredith G. Fosque）的博士学位论文《西厢记：元杂剧研究》（*Xixiang Ji: A Study of Yuan Drama*）以《西厢记》为案例研究了元杂剧的艺术样式。论文一开始先分析了元杂剧产生的时代条件和文化根源，以及《西厢记》诞生的原因和故事流变。主体前半部分结合历史背景讨论了元杂剧的舞台表演、叙事、诗性和音乐等元素；后半部分主要是文本分析，其中包括对元杂剧主题的理解等。最后以《西厢记》为例分析了元杂剧的语言、音乐和舞台表演等。这篇论文以专业的眼光探讨了《西厢记》的特征，几乎涵盖了《西厢记》研究的方方面面。几乎同时期的罗

琳（Lorraine Dong）与佛罗斯科博士的整体性研究不同，她在其博士学位论文《崔莺莺的诞生及其生活》（*The Creation and Life of Cui Yingying*）中将研究对象聚焦在《西厢记》的女主角崔莺莺身上，认为崔莺莺是中国文学中最吸引人的角色，从唐朝元稹所写的故事到后来的《西厢记》，因为这一角色经历了不断的被改编和被定义，所以作者选择通过描绘崔莺莺这一角色的变化过程来考察当时的社会变迁和中国文学的发展。进入 21 世纪后，研究者不再将研究的眼光局限于《西厢记》的文本文字研究，而是转向了插图和视觉研究，将《西厢记》在英语世界的研究推向了多样化的发展方向，也体现了《西厢记》无穷的学术潜力。马孟晶（Meng-ching Ma）的论文《文本的碎片和建构：晚明〈西厢记〉插图的视觉性和叙事性》（*Fragmentation and Framing of the Text: Visuality and Narrativity in Late-Ming Illustrations to the Story of the Western Wing*）探讨了晚明《西厢记》插图的模式，研究了插图在当时戏曲文本传播中所起的作用。

除了学位论文，英语世界关于《西厢记》研究的学术论文也不在少数。萨莉·丘奇（Sally K. Church，中文名程思丽）[①] 1999 年在《哈佛大学亚洲研究期刊》（*Harvard Journal of Asiatic Studies*）上发表的论文《超越语言：金圣叹对〈西厢记〉隐藏意义的评论》（*Beyond the Words: Jin Shengtan's Perception of Hidden Meanings in Xixiang ji*）[②] 中专门研究了金批《西厢记》中金圣叹的批注。文章中，程思丽立足于金圣叹评点的文本进行剖析、阐释和评论，试图发掘批注本身的意义和价值，论述了金圣叹是使用哪种技巧、原则和方法

---

① 程思丽是英国颇具影响力的汉学家，于 1993 年以博士学位论文《金圣叹论〈西厢记〉》获得了哈佛大学文学博士学位，在剑桥大学授课，主要教授中国文学，在英国的中国文学研究界具有较大影响。

② Sally K. Church, *"Beyond the Words: Jin Shengtan's Perception of Hidden Meanings in Xixiang ji"*, *Harvard Journal of Asiatic Studies*, Vol. 59, No. 1 (Jun., 1999), pp.5-77.

达到揭示“隐藏意义”这一意图的。程思丽博士发表过多篇汉学研究论文，如《对外国人态度的转变：明朝永乐皇帝的政策研究（1403—1424）》[①]、《孟加拉国的长颈鹿：中国明朝的中世纪际遇》[②] 等。除了本文研究，与《西厢记》博士学位论文相关的是，学术论文也呈现出多样化趋势，研究者的眼光扩展到插图、瓷器等视觉研究上，而不再拘泥于单纯的文本研究。例如，徐文琴（Hsu Wen-Chin）于 2011 年发表的论文《中国瓷器上的〈西厢记〉绘图：图像，风格和发展》（*Illustrations of "Romance of the Western Chamber" on Chinese Porcelains: Iconography, Style, and Development*），[③] 研究了以《西厢记》为主题的瓷器纹饰。作者认为从 13 世纪到 21 世纪大量的中国瓷器上都带有《西厢记》元素，所以以此为案例探讨了中国瓷器图案样式受文学、表演和绘画、木版画等行业发展的影响；同时根据不同年代的不同图案特色对部分瓷器进行了年代辨析。

学者的研究、发表和出版可以将《西厢记》在英语世界的影响力进一步扩大，并且以各种形式的学术成果将研究长久保留，日积月累逐渐成为西方汉学研究中的重要内容，对经典化的推广意义重大。

（三）出版社

除了专业人士以外，赞助人则通过经济利益和意识形态等方面的把控来影响文学的经典化进程。“赞助人可以是个人、团体、宗教组织、政党、社会

① Sally K. Church, *"Changing Attitudes Toward Foreigners from Overseas: An Investigation into the Policy of the Ming Emperor Yongle, 1403-1424", Nanyang Xuebao (Journal of the South Seas Society)*, Vol. 56, December, pp.45-73.

② Sally K. Church, *"The Giraffe of Bengal. A Medieval Encounter in Ming China", Medieval History Journal*,Vol. 7, April, pp.1-36.

③ Hsu Wen-Chin, *"Illustrations of 'Romance of the Western Chamber' on Chinese Porcelains: Iconography, Style, and Development", Ars Orientalis,* Vol. 40 (2011), pp.39-107.

阶层、皇室、出版商，特别是报纸、杂志和大型的影视集团等媒体。赞助人竭力协调文学系统和其他系统之间的关系，这些关系合力构成了一个特定社会和文化。”①

综观《西厢记》英译本的出版情况，可以发现其都是由英美极为知名的出版社或出版商出版的。其中，重要的一类是学术型出版商。亨利·哈特的译本由斯坦福大学出版社出版，斯坦福大学出版社是 1892 年在斯坦福大学成立的独立的出版公司，1917 年被斯坦福大学买下，成为其一个部门。斯坦福大学出版社是北美最著名的出版社，专注于图书出版，通过传播各个领域的新知识服务于整个社会，每年出版大约 130 本书，主要涉及的学科有历史、文学、哲学等。其中亚洲研究一直是其最重要的分类之一，尤其是其出版的中国近现代史的研究书籍为全球最顶尖水平，在学术界的影响力举足轻重。同斯坦福大学出版社类似，加利福尼亚大学出版社（加州大学出版社）的主要管理机构也是加州大学，编辑委员会由来自加州大学全部九个校区的教职人员组成，涉及的出版领域有艺术、古典研究、历史、音乐、政治等等。加州大学出版社一直致力于维护学术的原创性，所以经其认可出版的作品通常在学界都可以产生一定影响。奚如谷和伊维德的《西厢记》英译本借由其出版，从加州大学各个校区的校园和课堂开始，逐渐走向了美国的其他高校，最终在全美范围内得到了广泛传播，这对《西厢记》在北美地区经典地位的确立有着绝对重要的意义。

除了学术型出版商以外，还有大众出版商。威尔斯的《西厢记》译本由企鹅出版集团出版。企鹅出版集团是一个于 1935 年在英国成立的出版社，也是世界上最著名的大众出版商之一，主要出版小说、儿童图书等，在世界媒体行业排名靠前。凭借其在世界范围内广泛的发行渠道，企鹅图书的受众群

① André Lefevere, *Translation, Rewriting and the Manipulation of Literary Fame*, Shanghai: Shanghai Foreign Language Education Press, 2007, p.15.

极广，涵盖了英语国家不同年龄层、不同阶层的读者。威尔斯的译本从封面上来看也是经典的“企鹅图书”，平装小32开的开本，又称口袋本，可供读者随身携带阅读；封面设计以日本能剧的卡通画呈现，吸引力十足，彻底贯彻了主编欧文希望大家都来关注和阅读亚洲戏剧的初衷。在“企鹅图书”的金字招牌下，威尔斯的《西厢记》译本虽然是在哈特译本的基础上进行的改译本，但也在大众读者中得到了比较高效的传播。

（四）高等教育机构

安德烈·勒菲弗尔（André Lefevere）在其理论中，特意指出了教育机构的重要性。在《西厢记》的经典化历程中，赞助人通过在高等教育机构中开设相关课程，对《西厢记》进行讲授，或将其列为教材或必读书目等方式，促进了其在西方文化体系中的经典化。

前文说过《西厢记》在英语世界的译介逐渐走向了学者化、专业化，译者队伍中以大学教授为主。这些教授或主持大学的东亚研究系，或是大学的重量级研究人员，他们学养深厚，在高等院校中具有较大的影响力。他们翻译的《西厢记》自然在所开列书单中。另外，《西厢记》在国外多部文学史著作和文学选集中出现，这些著作本身早已成为西方研究中国和中国文学的经典，更代表了其中所涉及作者和作品在西方的真正地位，也通常是国外研究中国文学的学者必读的书目。翟理斯（Herbert A. Giles）所著《中国文学史》（*A History of Chinese Literature*），通常被认为是中文及英文世界的第一部关于中国文学的通史著作。在“元朝”一章中，著者表现出对《西厢记》的肯定，认为这是“元朝最值得一读的喜剧”[①]。1922年，凯特·巴斯（Kate Buss）所著《中国戏剧研究》中第三章“作为文学的剧本”也提到元杂剧《西厢

① Herbert A. Giles, *A History of Chinese Literature*, New York and London: D. Appleton and Company, 1924, p.273.

记》并进行了简单的介绍。柳无忌（Liu Wu-chi）所著《中国文学概论》（*An Introduction to Chinese Literature*）曾在北美地区被作为高校文学教材广泛使用。在此书第十二章“元杂剧”中，他表示在爱情剧这一类型中最推崇的就是王实甫所著《西厢记》，他认为：“《西厢记》在戏剧结构、人物刻画等方面是中国戏剧的高峰。”[①] 梅维恒（Victor H. Mair）编著的《哥伦比亚中国文学史》（上、下卷）（*The Columbia History of Chinese Literature*）中，由伊维德撰写的第四十一章“传统戏剧文学”对“西厢”故事可谓不吝笔墨，从元稹《莺莺传》到董解元《西厢记诸宫调》再到王实甫《西厢记》，仔细梳理了故事流变和创作方法的变化，称“在戏台上，也在书面中，王实甫的《西厢记》后来成为中国最流行的爱情喜剧。……关汉卿可能是最著名的杂剧作者，不过史上最著名的杂剧则是王实甫的五本杂剧《西厢记》”。[②] 这些教材和必读书目在高等教育机构的广泛使用推动了《西厢记》在英语世界中各高校间的传播，使《西厢记》之后作为翻译文学经典的地位牢不可破。

《西厢记》经历重译本身是中国典籍外译史上的大事件，其经典化的过程也是众多专业人士和赞助人不断翻译、研究、出版、阅读和推广等多方内外因素共同努力的结果。此外，作品被多位译者重新翻译也反映了他们对作品艺术价值的肯定，并从侧面证明了《西厢记》跨地域、跨时间的强大艺术生命力，而这也是“经典”所必备的特质。

纵观《西厢记》在英语世界的译介历程，可以较为明显地感受到其译介是一个相对复杂的、动态的、多变的过程，这在整个中国戏曲典籍外译中都是比较典型的：一是因为中国戏曲本身的复杂性；二是因为东西方戏剧传统

---

① Liu Wu-chi. *An Introduction to Chinese Literature,* Bloomington and London: Indiana University Press, 1966, p.173.

② ［美］梅维恒：《哥伦比亚中国文学史》，马小悟、张治、刘文楠译，新星出版社 2016 年版，第 800—813 页。

的巨大差异；更为重要的是中国和西方的势力较量和平衡，使得西方人看待中国文化的眼光经常处于变化之中。

本章先简述了从18世纪起至今中国戏曲在海外的传播经历，以及《西厢记》在非英语世界的译本传播。主体部分详细论述了《西厢记》在英语世界的旅行轨迹，其中包括不同时期译者的身份、译本的出版情况，并对其进行了阶段性分析，得出了一定的结论。最后论述了《西厢记》在英语世界的经典化历程，先从“经典”的定义谈起，然后从专业人士和赞助人两个角度分析了《西厢记》在其被译介过程中是如何成为英语世界的中国戏曲经典的。在研究过程中，主要得出以下结论。

首先，《西厢记》的译介形式呈现出多样化的特点。从持续时间来看，译介过程持续时间长，从19世纪末到20世纪末横跨近百年的时间里，持续不断地有新译本诞生，这既体现了《西厢记》的艺术性和文学性可以经受住时间的考验，同时也表明了西方世界对中国传统文化的兴趣始终存在。从译者身份来说，有中国本土译者、海外华人译者和外国译者三类。中国本土和海外华人译者由于拥有对中国传统文化了解的先天优势，以及其本身在国内的影响力，其译本的读者以国内的英语学习者和爱好者为主。外国译者以海外汉学家为主，因《西厢记》的翻译难度和受中国戏曲一开始在西方世界比较边缘化的地位限制，他们是翻译这部作品比较恰当的人群；同时这些知名学者在海外高校及学术界的话语权及影响力，是《西厢记》在西方完成经典化的主要推动力。从译本形式来看，有全译本、节译本、改译本等，这体现了历代译者对《西厢记》这部作品在翻译上的不断尝试，一方面可以显示出《西厢记》与其他最伟大的戏剧作品一样具有被重新阐释和解读的艺术潜力，另一方面也揭示出戏曲典籍在海外的形态可以是多样的，还需要译者持之以恒的探索。

其次，《西厢记》的译介历程阶段性十分明显。从首个英译片段1898年由传教士乔治·坎德林翻译出版起，到1997年许渊冲完成《西厢记》全五本二十折的译本并出版，历经了近百年的时间。在这近百年间，全世界都经历了巨大的变化：政治经济上，两次世界大战，经济危机不断地冲击着西方各国人民固有的观念；文化艺术上，世界戏剧不断地朝着多样化的方向发展，全球汉学中心也从英国转移到了美国，种种因素导致《西厢记》的译介随着世界的大发展呈现出明显的阶段性。19世纪90年代末年至20世纪30年代，是《西厢记》在英语世界的发轫期。经历了第一次世界大战，西方人开始对自己一直信奉的世界观有所质疑，对其他国家和民族的文化表现出比较宽容的态度。在这样的条件下，一中一外译者不约而同地选中了《西厢记》，并且以忠诚的翻译态度完成了各自的全译本。接下来，20世纪70年代的两个改译本对《西厢记》的译介形式进行了拓展，无论是亨利·威尔斯的英文剧本，还是赖恬昌的改译本，都是对《西厢记》英语译介的大胆尝试。20世纪八九十年代，中国经济迎来了大发展，同时海外汉学研究也发展得如火如荼。在这样的条件下，英美三位汉学家出版了迄今为止仍在西方学界具有重要地位的《西厢记》英译本，在英美各大高校以教材和参考书目的形式继续传播。20世纪90年代，许渊冲作为本土译者翻译了《西厢记》，并且在1997年重新修订了其译本，凭借其在中国学界和大众传媒界的影响力，该译本在国内得到广泛传播，成为国内广大师生研究戏曲翻译的重要资料。

最后，《西厢记》在西方成为经典是内外因共同作用的结果。其中，内因在于《西厢记》的文学价值和艺术价值。一方面，《西厢记》的主题具有世界性和永恒性，其“才子佳人”的爱情观和模式是中国古典文学的经典题材。但与之类似的美男佳女的爱情故事并不是中国所独有的，在全世界范围内，这一主题从古至今都是文学艺术津津乐道的话题之一；西方文学中的中世纪骑士与美女的故事就与之类似，英雄男子和美丽女子这样的故事内核在世界文学范围内普遍存在。另一方面，戏曲具有其自身独特的艺术价值。与西方戏剧有所不同，中国戏曲是一门高度综合的民族艺术，所以才能凭借其整体结构、表演节奏、抒情手法等方面的特点屹立于世界戏剧之林。越是民族的就越是世界的，只有当本民族的艺术和文学保留本身的民族文化特色时，才有可能征服世界。外因在于专业人士和赞助人的共同努力，《西厢记》被译介到英语世界，继而得到广泛传播，最后成为中国戏曲在海外的经典之作。

第三章 《西厢记》英译本的翻译面貌

王国维认为："欲知古人，必先论其世；欲知后代，必先求诸古。欲知一国之文学，非知其国古今之情状、学术不可也。"① 也就是说，对历史上的事件，既要研究社会背景，也要追溯历史渊源。想要了解一国之文学，就必须对其社会环境和文化变迁进行一番考证。应用到译介学的研究中，就是文学的发展离不开文化语境和社会历史传统的影响。所以，研究译文本就必须对译文产生的时代背景有所了解，对译者的身份信息有所掌握。

《西厢记》英译历史近百年，拥有七个各具特色的译本，其中有六个译本独立成书，每个译本除了文本（text）外，还有副文本（paratext）。本章将同时分析《西厢记》译本的文本和副文本，以全面考察其英译的整体面貌。

法国文艺理论家热拉尔·热奈特（Gerard Genette）曾在《副文本：阐释的门槛》（*Paratexts: Thresholds of Interpretation*）（1997）一书中将副文本分为两类：一类是边缘类文本（peritext），它们是伴随着文本的描述性材料，包括前言、导论、跋、插图、致谢辞、前后封、作者署名、书名（标题）、次标题、出版信息、献词、后记等；另一类是元话语（epitext），它们是直接围绕文本进行阐释的相关内容，包括注释、评论、作（译）者访谈及印刷文本之外的，由作者与出版社为读者提供的关于该书的相关信息（如译者日记）等

① 《译本〈琵琶记〉序》，见王国维《王国维文集》，中国华侨出版社 2018 年版。

等。[1]《西厢记》的大部分译本均有内容可观的副文本以供研究，比如奚如谷和伊维德合译本的序言部分就长达150余页，几乎可以单独看作一部学术著作。这些副文本有助于我们关注译本文字之外的问题，如译者对中国戏曲的理解和态度，对《西厢记》所处时代的文化语境和创作环境的把握，对《西厢记》在中国戏曲和文学地位的理解，对这部作品内容和思想的阐释等等。

《西厢记》被誉为“花间美人”，主要称赞的是其文辞的优美。《西厢记》的言语之美，历来为评论家们所称赞。钟嗣成说：“作词章，风韵美，士林中等辈伏低。”[2]朱权将其称为：“若玉环之出浴华清，绿珠之采莲洛浦。”[3]徐士范《重刻〈西厢记〉序》中也说：“古今之声容色泽以姝丽称者，岂特一崔氏哉。而崔张之事盛传于世，得非以为之记者，其词艳而富也。”[4]“妙绝”“妙句”“绝妙好辞”等等称赞也常见于明清各批本中，足以证明《西厢记》的曲文是其重要的艺术特色之一。此部分关于语言特色的研究，结合译者身处的不同时代和不同文化语境、译者个人背景和经历等要素客观描绘了不同译本对《西厢记》语言特色的传递。

《西厢记》的风格也是自成一派。从翻译美学的角度来看，“风格审美素来被看作最基础也是最高层次的审美活动，是因为风格不仅涉及文本内显性的一词一句，更重要的是要把握文本以外的隐性的意旨、气韵、意蕴、风骨、神采、情怀，等等”。[5]在考察文学翻译过程中，“风格”似乎有点“恍兮惚兮”，但也并不是无迹可寻。就再现原文风格而言，翻译的任务即

---

① Gerard Genette, Lewin, Jane (trans.) *Paratexts: Thresholds of Interpretation*, Cambridge: Cambridge University Press, 1997, p.5.

② 钟嗣成著，浦汉明校：《新校录鬼簿正续编》，巴蜀书社1996年版，第71页。

③ 朱权：《太和正音谱》，《中国古代戏曲论著集成》第三集，中国戏曲出版社2005年版，第17页。

④ 吴毓华：《中国古代戏曲序跋集》，中国戏剧出版社1990年版，第563页。

⑤ 刘宓庆、章艳：《翻译美学教程》，中译出版社2016年版，第358页。

再现原文的美。所以，《西厢记》译本的风格研究也将围绕译本是否能够像原文一样满足读者和观众对风格的审美需求、是否能够体现原作的风格来展开。

笔者在前人的学术成果上，结合《西厢记》英译本研究的实际情况和研究特色，提出了一个以语言和风格为主要元素的审视体系，用于具体分析《西厢记》的主要英译本。语言主要包括曲文、宾白和科范；风格主要关注超越语言层面的审美内容，比如《西厢记》的思想内容，作者的情志风貌、襟怀气质等要素。在此体系下对《西厢记》英译本进行考察，既可以覆盖译本的全貌，同时也可以剖析同一维度下不同译本之间的区别与联系，以便发现译本更迭背后更深层次的规律。

除此之外，本章中由于《西厢记》的译本诞生时间跨度大，以及中西方译者皆有其特色，译本呈现出的面貌也具有较大的差异性。所以针对不同的译本个案，也将部分其他不属于语言和风格这两者范畴的重要内容纳入其中。

最后需要指出的是，本研究并无意于对王实甫《西厢记》的不同刊本进行比较或深入探讨，仍将研究重点落脚于翻译本身，其中涉及的底本、曲文、宾白等戏曲相关内容的作用仅在于为把握译本面貌提供有效、可供参考的基本信息，从而辅助译本研究。

第一节 熊式一译本：首个英文全译本

20 世纪初，欧洲仍然保持着世界文化艺术中心的地位，同样也是世界戏剧的中心。此时的中国正处在变革年代，许多有识之士重新思考中国的前途和命运，走出国门远渡重洋寻求救国的新方向；与此同时，也有不少文人学者赴欧美学习，试图与世界学术和文化艺术潮流接轨。

（二）《西厢记》的翻译思想：忠实性和可读性

在将《红鬃烈马》改为《王宝川》大获成功后（仅花了6个星期的时间），他又花了11个月的时间翻译《西厢记》。熊式一坦言《王宝川》只是一部通俗的商业戏剧，完全无法与《西厢记》相提并论；《西厢记》是中国真正的一流戏剧，翻译时应当遵从原作，翻译《西厢记》的目的是把中国真正经典的戏曲呈现给西方的读者和观众。

根据目前的资料来看，《西厢记》被译为 *The Romance of the Western Chamber* 应当是熊式一首创，而且这一译名于后世得到了认可和流传，至今仍是最常见的《西厢记》英译名，应当说已经成了经典译名，后来的译者也大多没有跳出这个框架（当然主要原因是《西厢记》本身中文名比较简单，译者发挥的空间较小）。众所周知，固定的名称和术语对一门学科或者某个文化思想流派非常重要，所以熊式一将《西厢记》译为“发生在西边房间里的浪漫爱情故事”，对其在海外的传播是有所贡献的。

另外，熊式一对《西厢记》的五本二十一折名称进行了近乎完全对等的英译，列表如下。

表 3–1　熊式一《西厢记》英译本折目中英对照

第一本第一折 惊艳 Beauty's Enchantment	第一本第二折 借厢 The Renting of the Quarters in the Monastery	第一本第三折 酬韵 A Poem and Its Response	第一本第四折 闹斋 The Interruption of the Religious Service
第二本第一折 寺警 The Alarm at the Monastery	第二本第二折 请宴 The Invitation to the Feast	第二本第三折 赖婚 The Breach of Promise	第二本第四折 琴心 Love and the Lute
第三本第一折 前候 First Expectations	第三本第二折 闹简 The Fuss about the Billet-doux	第三本第三折 赖简 Repudiation of the Billet-doux	第三本第四折 后候 Further Expectations

续表

第四本第一折 酬简 Fulfillment of the Billet-doux	第四本第二折 拷红 Hung Niang in the Dock	第四本第三折 哭宴 A Feast with Tears	第四本第四折 惊梦 A Surprising Dream
第五本第一折 泥金报捷 Report of Success at the Examination	第五本第二折 锦字缄愁 Guess the Meaning of Her Gifts	第五本第三折 郑恒求配 The Contest for the Beauty	第五本第四折 衣锦荣归 The Glorious Home-coming

除了"闹斋""拷红"等少数几折，熊式一根据本折的具体内容进行了意译，并适当考量了西方读者接受度的问题，其余名称均几乎完全对应。

在具体的翻译上，熊式一表示"把一本好书翻译烂比写一本烂书更加罪恶"。"读者们，倘如你们觉得诗词优美，功归原作；可若词句难以下咽，罪在译者"。[①] 熊式一的翻译可以概括为"忠实"二字，用他自己的话来说就是"句对句，有时也是字对字"。[②] 与删去《王宝川》的唱词不同，《西厢记》中的所有唱词均被忠实地翻译了出来。以第二本第一折中的一段《混江龙》为例：

原文	译文
蝶粉轻沾飞絮雪， 燕泥香惹落花尘。 系春心情短柳丝长， 隔花阴人远天涯近。	The butterflies and the willow catkins, intermingled, are like a snow scene. The soil from the fallen flowers has been made into the nest of the swallow. Alas! that my affection for the spring had to be so short! Would that it could be prolonged like the branches of the willow. Heaven seems near compared with the man who is only separated from me by the flowers.[①]

① 熊式一：*The Romance of the Western Chamber (Hsi Hsiang Chi)*, New York and London: Columbia University Press, 1968, p.xl.

② Ibid, p.xix.

① Ibid, p.51.

对比原文与译文，可以发现句句对应，比如“蝶粉”句，飘飞的柳絮沾在蝴蝶的翅膀上，好像一层雪，熊式一将 willow catkins（柳絮）也译出，方便了读者理解，可以说完全贯彻了熊式一自己所言的“忠实”原则，体现了译者“顺从”的翻译态度。他的翻译目的是将《西厢记》这部伟大的作品“原模原样”地传递给西方读者和观众，而最后的译本也基本实现了这一目标。1968 年熊式一的英译《西厢记》由哥伦比亚大学出版社再版，并收入联合国教科文组织的亚洲文学选集中时，夏志清[①]撰写了导读，其中评价熊式一确实做到了“为英语读者提供能清晰表达原文意思的、可读的词句”[②]。

二、晓畅通顺和雅化的语言

熊式一是首个将《西厢记》介绍到英语世界的人，他的译本具有重大的拓荒价值，对引导西方人正确看待中国戏曲也具有重要意义。受当时文化语境和译者个人经历、文学品味等因素影响，译本自然有其特色，同时也具有较高的文学和美学价值。

（一）底本选择

在译者介绍（Translator’s Introduction）中，熊式一说他在翻译之前，花了近一年的时间收集并研读了《西厢记》的多个版本，最后才决定译本宾白部分主要以金圣叹版《西厢记》为底本，唱词部分则参照某个明刊本，总共

---

① 夏志清（1921—2013），中国文学评论家，精通中西古典文学，是海外享受较高声誉的中国学者。1961 年出版英文著作《中国现代小说史》，并由此向英语世界介绍中国文学，此书后来成为许多欧美大学的中国现代文学教科书。

② 熊式一：*The Romance of the West Chamber (Hsi Hsiang Chi)*. New York and London：Columbia University Press, 1968, p.xxix.

翻译了五本二十一折。

在20世纪明弘治刊本尚未被发现前，金批本是传播最广、影响最深的《西厢记》版本之一，也是20世纪前半叶的译者最常选择的底本。熊式一同样认为金圣叹是极富才情的评论家，具有非凡的艺术品位和鉴赏力，“十分聪明幽默”。除此之外，金圣叹在每本之前的评论也很重要，如他在“酬简”这一折前严厉批评了《西厢记》是淫秽之书的说法。熊式一也谈到了《西厢记》第五本作者的相关问题，仅指出了关于《西厢记》作者问题的几种说法：第五本为关汉卿续作、全本为王实甫所作或全本为关汉卿所作。但熊式一的观点是：对他的翻译工作而言，作者问题并不重要，因为事实如何并不会影响《西厢记》作为戏曲经典的地位。

总体来说，熊式一以《金批西厢》作为翻译底本在当时的文化环境下是自然而然的选择。此外，20世纪初的西方对中国和中国文化尚有较深的误解，在没有真正接触过中国文化的许多西方人眼中，中国是十分脸谱化和符号化的，既有着丰富的香料、瓷器、丝绸等精美的事物，同时更重要的是这个神秘的东方国度有着很多恶习和恶俗，比如裹小脚、三妻四妾、砍头等。《金批西厢》是雅化的西厢故事，从语言到人物形象经过金圣叹的略微改写，呈现出的是一部风雅浪漫的爱情故事，能在很大程度上改变西方人对中国人和中国文化的认识，即中国也有类似《罗密欧与朱丽叶》这样伟大的爱情故事，也有像莎士比亚一样伟大的文学家、戏剧家。从这个意义上来说，熊式一的底本选择也是颇为明智的。

（二）语言特色：晓畅通顺

熊式一在译本前的介绍中自言其译本是“忠实的”，“虽然韵脚的问题难以处理，但译文是准确的”，同时也提到希望给英语世界的读者提供一份“可读的”《西厢记》译本。仔细研究译本不难发现，熊式一的翻译思想在译本之中处处皆有体现，所以可将其译本的特色概括为通顺。

熊译《西厢记》是无韵本，即整个译本中没有刻意追求押韵，而是将重点放在了对原文内容的重现上。韵是中国古典诗歌最基本的要素之一，从《诗经》到后代的诗词，基本没有不押韵的，历代诗人对韵的使用也都是非常严格的。诗句押韵，不仅便于吟诵和记忆，还能让诗歌作品更具节奏、声调的和谐之美，是增强其音乐性的重要手段。但是在翻译中国古典诗歌和戏曲作品时，我们应当用更加理性和客观的态度去看待翻译中的押韵问题。首先，要承认翻译诗歌或者戏曲唱词时，存在一定的“不可译性”，这是指译者不可能将原文连意带韵地转换为英语。英语和汉语属于不同语系，其中存在巨大差异，几乎难以寻找到音意同时对应的表达，这对于译者来说既是不可能完成的任务，也是不切实际的要求。其次，在英语诗歌中，押韵的位置和中国古典诗歌不太相同。英文诗歌中也有押韵的现象，比如尾韵与内韵，但也有不少是不押韵的，尤其多见于戏剧和叙事诗中。无韵诗或素体诗（blank verse）指的就是不押韵的诗歌。比如莎士比亚的戏剧都是用 blank verse 写成的，约翰·弥尔顿的史诗《失乐园》（*Paradise Lost*）也是不押韵的。除此之外，还有自由诗（free verse）。自由诗顾名思义是一种任由作者自由创作的诗体，不仅不要求押韵，在格律上也没有要求，自然也不要求平仄和对仗等。熊式一以自由诗翻译《西厢记》是其忠实通顺翻译思想下的具体实践，也是其出于中国学者和文人自觉的选择，同时也体现了他向欧洲和世界传播中国文化的愿望和积极的探索。

熊译《西厢记》另一个形式上的特点是全本无注释。《西厢记》是一部具有深厚中国文化内涵的戏曲作品，其中的典故、俗语、传说等内容与西方读者之间存在较大的文化隔阂，所以后来的许多英译本都选择使用文中加注释的方式来处理这些文化负载词。熊式一的译本追求通顺和可读性，所以并未加注，而是主要采用了加译的方法在译文中直接给出解释。例如，第二本第三折《赖婚》中崔莺莺道：“白茫茫溢起蓝桥水，扑腾腾点着祆庙火。”熊译为：“I am suddenly seperated from my lover, who may be compared with him who was overwhelmed in the white waves while keeping his tryst at the Blue Bridge, or with him who, missing his beloved, in fury set fire to the temple of the Fire God, which was consumed in flames...”

这两句唱词中有“蓝桥水”和“祆庙火”[①]两个典故，“蓝桥水”代指使相爱者分离的大水，“祆庙火”代指使相爱者分离的大火。通常在翻译中国古典文学时，译者对诸如此类典故的处理方法是在文下加脚注解释其文化内涵，而熊式一则将“蓝桥”和“祆庙”的含义直接呈现在译文中，这是其翻译的显著特色。无注释的译本的特点是可读性强，读者通常不会因去注释中查找含义而暂停阅读，对于读者来说阅读体验流畅，也可以避免大量的注释使英语读者望而却步。同时，与原文短短16个字相比，译文从字数上来说略显冗长，所以译文较原文而言诗性减弱。然而，这正是前文所说的翻译戏曲总是略带一点“鱼与熊掌不可得兼”的意味。

（三）风格：雅化

前文提到熊式一选用了金圣叹点评本作为底本，所以其译本跟随金批本呈现出雅化的风格特色。“科者，相见、作揖、进拜、舞蹈、坐跪之类，身之所行，皆为之科”。科诨是插科打诨的简称，“科”指滑稽动作，“诨”指滑稽语言。科诨是元杂剧中经常使用的喜剧手法，而主角的科诨通常要写得“雅中带俗，又于俗中带雅”，这是元杂剧语言的重要艺术特色。郭庭伟在《元杂剧的插科打诨艺术》中谈到元杂剧喜欢将“秽物”用作科诨，或利用男女之

---

① 蓝桥水：《史记·苏秦列传》：“信如尾生，与女子期于梁下，女子不来，水至不去，抱柱而死。”尾生与女子期于蓝桥之下，所以用蓝桥水代指使相爱者分开的大水。祆，又称拜火教。《渊鉴类函》卷五十八《公主三·玉环解》引《蜀志》云：昔蜀帝生公主，诏乳母陈氏乳养，陈氏携幼子与公主居禁中，十余年后，以宫禁出外六载。其子以思公主疾亟，陈氏入宫有忧色。公主询其故，阴以实对。公主遂托幸祆庙为名，期与子会。公主入庙，子睡沉，公主遂解幼时所弄玉环，附之子怀而去。子醒见之，怨气成火而庙焚也。

事或明或暗科诨。

虽然《西厢记》的科诨与其他元杂剧相比已不算“淫亵”和“俗恶”，但金圣叹还是做了大量的删除。所以，熊式一在此基础上完成的译本自然也具有语言雅化的特点。例如，金圣叹删去了《赖简》中红娘两次说的“那鸟来了”。“鸟”是村夫莽汉常说的口头禅，而金圣叹对红娘这一角色的喜爱和推崇是显而易见的，非常重视对其角色的塑造，所以删去了这句俗诨；红娘送崔莺莺去赴约，张生问“是谁”，红娘答“是你前世的娘”，这是市井之中常见的玩笑话，但红娘的这一回答破坏了崔莺莺赴约时害羞、矜持的心情和当时的氛围，于是也被删去。类似的例子不少，熊译本跟随底本均没有将类似这些科诨译出，也有部分译出但更改较大。例如《后候》中，张生思念成疾卧床难起，自言自语：“则除是那小姐美甘甘、香喷喷、凉渗渗、娇滴滴一点唾津儿咽下去，这屌病便可。”熊译为：“But as my dangerous malady is not the one that any skilled doctor can deal with, it is only some good prescription of the Young Lady that can cure it.”

类似的世俗语言和调笑被处理成了正规、体面的表达，去掉了浅陋的性暗示和描写，熊式一最终呈现的译文在语言上是较为雅致的。不仅如此，熊译本主要以标准书面英语译出，对原文中不少口语化倾向明显的宾白都进行了处理。例如《赖婚》一折中，崔莺莺不满其母亲对张生的态度，说道：“我虽是赔钱货，亦不到两当一弄成合。”熊译为：“Being afraid that I shall cause loss to the family on account of my dowry, She is showing our gratitude and celebrating my marriage by one feast instead of two!”

“赔钱货”在原文中是较为通俗的反讽说法，这里崔莺莺之所以用这个词来形容自己，是为了表达她对母亲态度的不赞同和蔑视。熊译本将其处理成了“为家庭带来损失”，读来文雅了许多，从而使译文对崔莺莺的形象塑造也更加高雅。由此可以看出，熊译本风格上的雅化是比较明显的一个特征。

第二节 亨利·哈特译本：大众读本

20世纪初，西方人对中国文化已经有了一定的认识，但这种认识是比较片面的，同时也充满了刻板印象。在他们眼中，中国仍旧笼罩在一片神秘的薄雾之下，他们能够看到的是充满香料、瓷器和精美艺术品的外在，而对于中国内在的文化的态度却是十分狭隘的。在这样的文化背景下，西方人对待中国戏曲的态度可想而知。除了少数熟悉中国戏曲的汉学家和在华外交官等受教育程度较高、和中国有过真正接触的人士，其他西方人甚至是一些著名的文学家和戏剧家对中国戏曲的态度都会嗤之以鼻。所以在这一时期，翻译真正优秀的中国戏曲并介绍到欧洲，对将中国文化以一个正确的姿态向世界传播具有非凡的意义。而幸运的是，除了熊式一，美国汉学家亨利·哈特也投身到这一工作中。

亨利·哈特的译本以 *The West Chamber* 为名于1936年出版，仅仅晚于熊式一一年。然而当时由于信息差，哈特误以为自己是首个翻译《西厢记》的英语译者。但是，哈特作为英译《西厢记》的首位外国译者，从他的译本可以确切得知20世纪初期的西方人是如何看待中国文学和戏曲的。不仅如此，西方的汉学研究在此阶段发展到何种程度等对梳理中国戏曲对外传播史和西方汉学史都具有重要意义。

一、《西厢记》的介绍性译本

哈特在翻译出版《西厢记》之前已经是颇有名气的汉学家，有多种介绍中国文化的著作在美国出版，其中以中国古典诗歌为主，还介绍了中国的谚语、百家姓等文化内容，可以说是熟悉中国并真正向美国传递了中国文化的学者。熊式一作为中国的学者和译者，其翻译《西厢记》并主动传播中国文化的背后是有爱国情怀和中国文人自觉做支撑的，而亨利·哈特作为一名外国译者对中国戏曲的态度和翻译思想同样值得深思。

哈特英译《西厢记》是英语世界真正接触中国戏曲经典的标志。在中国戏曲外译史上，从18世纪末传教士马若瑟用法语翻译《赵氏孤儿》起，至19世纪的汉学发展，汉学家儒莲接连翻译了《高加索灰阑记》《赵氏孤儿》《西厢记》。其中，法译《西厢记》标志着中国最伟大的戏曲作品传入西方的肇端。直至20世纪的一个多世纪中，法国汉学家在翻译并传播中国戏曲上一直处于领先地位。20世纪之前，仅有少量的戏曲被翻译成了英语，尤其许多译者并不懂汉语，不少译本都是从法译本或德译本转译而来的，这其中对戏曲原貌的改变程度自不必阐述。所以亨利·哈特以美国汉学家的身份卓有眼光地选中了《西厢记》进行翻译，这代表着其学术眼光和对中国戏曲的欣赏力的主动行为，也意味着英语世界的读者开始真正接触中国戏曲经典。

哈特认为自己的译本是学者型译本，他不仅翻译了《西厢记》，还附带了中国戏曲相关的知识和研究成果，是完整的带有介绍性质的英译本。哈特译本的序言由威廉姆斯（E.T. Williams）撰写，他认为哈特将《西厢记》这部精彩的作品翻译成英文对西方是一大功劳，更“向我们展示了年轻人和浪漫爱情在任何时代任何地域都是不可分割的”。哈特在译者序言（Translator's Preface）中说道，《西厢记》是中国戏曲中“最伟大的作品”（the greatest drama），他希望通过翻译可以“使读者在阅读中感受中国戏曲在对白和唱词上的结构”，用中国民间谚语来说就是“百闻不如一见”（One hundred tellings are not equal to one seeing），一定要将《西厢记》翻译成英文版才能让英语世界的读者真正了解这部作品。同时他点评了前面两位西语译者，即德语译者洪涛生和法语译者儒莲，他认为洪涛生的译本更像是“自由的改编”，“唱词被改成了德国偶句诗（rimed couplets），与原文的风格相去甚远”，“整体来看，这个版本的译文并不能很好地传达中文原文”。儒莲的译本先是出版了七折的节译，去世后才出版了完整的《西厢记》译本共十六折。儒莲将对白和曲词同时译出，是欧洲享有盛名的《西厢记》译本。但哈特评价其译文“呆板，晦涩难懂”（stiff and turgid），认为虽然儒莲对中国文学了解颇深，但没去过中国，所以想要传递《西厢记》中提到的中国风味是不可能的（impossible）。

在译者介绍部分，他介绍了《西厢记》的故事流传，并指出正如莎士比亚戏剧也在所取材故事上进行了更改一样，《西厢记》的故事也由王实甫进行了多处改动。同时他还表示，中国戏曲少有经典的上乘翻译，首先是源于中国学者自身的态度。中国学者普遍认为戏曲是世俗的产物，不符合中国传统士大夫阶层认为的“文学”（belles-lettres）。过去的文人不会注意到戏曲，也不认为其值得研究。其次是中国缺乏良好的、有效的措施来保存戏曲文本，比如《西厢记》。最后是没有学者想要撰写戏曲评论或批评文章，并指出直到王国维和后来的现代评论家才开始认真研究中国戏曲的历史、发展和技巧。这样的现实导致西方人长期忽视中国戏曲，认为其是一种“原始的幼稚的艺术形式”，将中国文人对戏曲的忽视理解成戏曲本身价值的低下。不过近些年（20 世纪初）也有一些西方人出版的书中介绍了中国戏曲，这至少是西方人了解中国舞台的开始。哈特认为研究中国戏曲可以充分了解中国历史、宗教信仰和民间生活方式，也可以窥探多个世纪以来中国丰富华丽生活的变化。所以，哈特对中国戏曲的艺术价值和地位有了较为精确的认识，也就能够以科学的、学术的眼光去翻译《西厢记》。

出于作为首批中国戏曲译者的自觉和自信，哈特在译者介绍后用了 16 页的篇幅对中国戏曲做了整体介绍，其中包括中国戏曲理论、戏剧样式、演员、舞台传统四部分。他介绍中国戏曲的来源是“戏”（hsi），意思是“模仿、嘲笑、讽刺、开玩笑”，这一点揭示了中国戏曲有别于西方戏剧的本质。所以西方的观众认为中国戏曲是“夸张的、滑稽的、低俗的”，对戏曲的态度也一直比较排斥。但哈特显然反对这种观点，认为中国戏曲反而具有一定的说教作用，是为了让观众熟记道德，所以通过赞扬忠诚、勇气、自我牺牲和其他的儒家美德来谴责罪恶，宣扬真理。至于中国戏曲的样式，具有浪漫的传统，而非西方的古典传统，主要体现在：古希腊戏剧遵守三一律，即时间、地点和行动的统一，而中国戏曲在时间、地点和动作顺序上都有着充分的自由。紧接着又对中国戏曲的三个元素——对白、独白和音乐进行了细致的介绍，尤其强调了戏曲中音乐的重要性。在中国演员部分，介绍了中国戏曲演员的社会地位、训练方式、演员除演出以外的戏班工作等内容。最后介绍了中国戏曲有别于其他东西方艺术形式的舞台传统，如化妆、服饰、舞台动作等等。

哈特将目标读者定位为普通的英语读者，而不是专门研究中国戏曲的学生，因此并没有使用脚注对文化内涵做出进一步解释，但在译者介绍部分阐释了中国戏曲的种种重要内容，译文后提供附录便于学生查阅，还有参考文献列出了有关中国戏曲的著作和译作。译文本身有少数内容没有译出，原因是哈特认为有少部分内容过于粗俗自己不愿翻译，或者原文过于晦涩而难以翻译。除此之外，他尽量使译文和原文中的习语贴合，原文中有些迂回曲折的表达被简写，一些令普通中国读者也很难理解的典故被删去，而舞台指示则基本保留。由此可以看出，这是比较全面的同时适合普通读者阅读和学生查阅学习中国戏曲的译本。

二、亨利·哈特译本的底本问题

戏曲翻译中底本的版本在很大程度上决定了译本的质量。亨利·哈特《西厢记》英译本的底本问题尚存在一些未解的谜团。

在译本的序言部分可以找到哈特自言“译本蓝本为两卷著《西厢》，此版本有‘*Hsü Hsiao T'ien*’所著学者性介绍及评论，1931 年于上海由 Ch'ün Hsüeh

Shê 出版”[1]。然而经比对，目录顺序及名称与金批本一致，无论是唱词还是念白都和《金批西厢》有很大程度的相似性，唯一的不同是仅省略了“惊梦”一折。因此，应当是以金批本作为底本进行翻译的。那么哈特所说是什么版本，他在翻译时究竟采用的是哪个版本就成了研究的难题。

经笔者多方考证，从语音上与 *Hsü Hsiao T'ien* 相近的应为近现代作家许啸天，他创作了不少历史演义类小说，如《清宫十三朝演义》《明宫十六朝演义》《唐宫十二朝演义》等等。并且于国家图书馆馆藏中查阅到许啸天著有《西厢》，出版于 1931 年，时间上也与哈特所言吻合。但是，许啸天《西厢》由上海时还书局出版，同时经仔细阅读发现，此书是《西厢记》的白话改写版，全书共十五折，止于《哭宴》。许啸天在此书卷头言中严厉批评韵文，直言韵文只是作者为了卖弄自己的文才，已经不适合当时的时代，作者们应该“创造新思想”“改造旧文艺”。而“《西厢记》是具有叙事材料的韵文”，应该“下一番功夫，改进旧文艺，发生新光彩”。严格来说，它是以《西厢记》为基础的小说改编，而哈特的译文唱词、念白甚至科范都是比较完整地译出，绝对不是以许啸天《西厢》为底本进行翻译的。因此推测哈特应当是阅读过许啸天的《西厢》，在翻译过程中许啸天版的《西厢》起到了辅助理解的作用，但在译者介绍中将金圣叹笔误为许啸天。然而哈特是熟悉中国文学的知名汉学家，所以目前仅能作此推断，事实究竟如何笔者会持续进行调查研究。

在典籍英译研究领域，底本问题从来都是一个重要问题。《西厢记》作为戏曲典籍中的重要研究对象，而哈特作为首个外国英译者，其底本问题仍未得到彻底研究，从侧面反映了目前《西厢记》英译研究存在重国内译者，轻国外译者的现象。一方面在《西厢记》英译本的各类研究中，国内对于哈特译本的

---

① Henry H. Hart. *The West Chamber: A Medieval Drama*. San Francisco: Stanford University Press, 1936, p.x.

关注较少，专门的研究论文仅以个位数计，现有的研究成果中，相对于其他译者来说，存在研究数量少、研究层次浅的问题。另一方面对其人及其译作关注的缺失可能是导致目前国内学界对译本底本仍有误解的主要原因，所以哈特的《西厢记》译本仍有许多需要澄清的事实和需要拓展的研究。

三、尊重原文基础上的适度归化

哈特的《西厢记》英译本具有一定的划时代意义。18—19 世纪，中国戏曲在西方的译本面貌大多是残缺不全的，对原文随意改编、改写的情况也屡见不鲜，许多西方译者重念白轻唱词，不少戏曲作品的译本唱词都被删去大半甚至全部。而通过对哈特译本的分析，可以看出哈特作为汉学家对《西厢记》中的中国文化整体是尊重的态度，在具体的翻译上尽量保留了中国传统文化相关元素；同时，也有一部分内容为了确保西方读者的阅读和理解顺利，进行了适当的归化。最后必须指出的是，作为初代《西厢记》译者，尤其是外国译者，面对连许多中国学者都要仔细研究的、所蕴含文化信息十分庞杂的《西厢记》，漏译、误译现象的出现在所难免，笔者在此也对此现象进行客观分析。

阅读翻译文学，其中重要的一个体验就是异域性（Exotic）。异域性是读者体验中的重要一环，而哈特显然对这一点深有体会。在他的《西厢记》译本中，可以找到能体现其传达中国传统文化的目的，尤其是对不少中国文学中特有的表达，都尽量“原模原样”地译出。

例 1：先人礼部尚书多名望，五旬上因病身亡。平生正直无偏向，至今留四海一空囊。（第一本第二折）

译文 1：My late father was Minister of the Board of Rites.

And enjoyed much fame.

At the age of fifty years he sickened and then died.

His whole life was upright and virtuous,

Without a single stain.

Up to now I have carried an empty sack

About the four wide seas.

例 2：秀才人情从来是纸半张，他不晓七青八黄。任凭人说短论长，他不怕掂斤播两。（第一本第二折）

译文 2：The gift of a bachelor of Arts are always as unsubstantial as a halfsheet of paper. He doesn't know seven-green from eight-yellow. He lets others argue on the short and long. He doesn't fear to have weighted the catty and the tael.

从这两例译文可以看出哈特对《西厢记》中带有中国文化特色的表达保留比较完整。"四海"指天下，世界各地，《论语·颜渊》中说："四海之内，皆兄弟也。"哈特直译为"four wide seas"，"七青八黄"指金银财宝，也译为"seven-green from eight- yellow"，从中可以看到连数字都完全地译出了。虽然客观上可能需要冒着让西方读者摸不着头脑的风险，但可以从中看出哈特在译文中保留中国文化的翻译思想。此外，受译文中没有脚注解释的限制，为了给读者提供阅读的流畅体验，哈特在部分地方也进行了归化处理。

例 3：慢俄延，投至到栊门儿前面，刚那了一步远。刚刚地打了个照面，风魔了张解元。似神仙归洞天，空余下杨柳烟，只闻得鸟雀喧哗。（第一本第一折）

译文 3：Slowly she reaches the doorway,

And draws near the wicker gate,

As she advances another pace,

She gives me a bright glance of her eyes,

And I am bewitched, enthralled.

And now the immortal has re-enterd.

Her heavenly abode.

The willows are hidden in the clouds,

And I hear only the chirping of the birds.

哈特将其中的“神仙”译为“immortal”，长生不老者，符合西方文化系统中对“神仙”“仙人”等超自然意象的理解；“洞天”使用了“heavenly”，意为“天堂的、天上的”，也和西方宗教相关，易于英语读者理解。类似这样的归化减少了可能存在的文化隔阂，减轻了英语读者的阅读负担，提升了阅读流畅度，是比较得当的处理。

由此可见，哈特作为《西厢记》的首位外国译者，在当时中国文化整体被西方文化压制的状况下，依旧保持了一位汉学家的严谨和对中国文化的尊重，对《西厢记》中的中国传统文化进行了大量的保留，而对部分与西方文化存在共通之处或难以翻译的地方则选择了归化、删减等向西方文化贴近的翻译策略，最终呈现的是比较适合英语世界普通读者的大众读本。

第三节　亨利·威尔斯译本：舞台剧本

两个全译本诞生后近40年间《西厢记》的英译活动是暂停的，直到1972年亨利·威尔斯将《西厢记》改译为英文剧本才再次将其带回英语世界。此时，由于两次世界大战中美国举足轻重的影响力，全球发展中心已经完全转移到了美国，文化上也是如此。由此，《西厢记》英译活动的重心也转移到了美国。

一、亨利·威尔斯：从英国诗歌到中国戏曲

“有一件事情我想得很清楚了。世界各地的语言和文化之间的分裂正是人

类的痛处。这种分裂的世界是悲剧性的。我们现在需要一些工具来把人类世界重新联系在一起。世界上的许多地方还存在着裂缝，比如印度、法国和西班牙……大学的课本不应该只是为了盈利，更不应该延续人类几个世纪以来的错误，应该是向前迈出的一大步。”①

（“One matter comes to my mind rather strongly. All over the world the language and cultural divisions are the spots in man that ache. It is a tragically divided world. What we need now is more cement to hold the human building together, for it has some terrible cracks in it, for example, in India, France and Spain. ... A college book is not just something to sell or to perpetuate the errors on which humanity has been drifting for a few centuries. It should be a big step forward.”）

亨利·威尔斯（1895—1978）是美国著名的比较文学专家和翻译家，在全世界享有很高的声望，研究领域涉及戏剧、诗歌、小说等文学研究，中期转向比较文学研究，晚年则将研究兴趣转移到东方的文学和文化中，出版了许多相关著作。然而在国内，目前对他的研究还是一片空白，不仅没有关于其生平的研究，同时也缺乏对其著作和译作的研究，不得不说是一个遗憾。威尔斯在其学术生涯中，对亚洲，尤其是中国的研究兴趣是逐渐产生的，所以研究其教育和学术经历有助于分析其对《西厢记》的态度和翻译思想。此部分资料主要来源于克林克博士与威尔斯之间的书信往来，其中部分内容为威尔斯亲自书写。

威尔斯的教育经历对其学术研究有着重要的影响，他广博的学术领域、对东西方文化极具包容性的学术态度、对戏剧的特殊偏爱都可以从中找到印证。威尔斯的父亲是一位毕业于哈佛大学的博士，曾在美国南方大学教书。在威尔斯6岁的时候，他们从家乡田纳西州的西瓦尼搬到了纽约，所以他的

① 亨利·威尔斯1951年7月20日写给卡尔·克林克（Carl F. Klinck）博士的信。

身上既带有美国南方人的传统与保守，又具备纽约人（New Yorker）的国际化和包容性，这是对他学术风格最恰切的形容。他 1917 年毕业于阿默斯特学院（Amherst College），毕业后继续在哥伦比亚大学深造，不过 1918 年因第一次世界大战参军在法国作战，回到美国后于 1920 年在哥伦比亚大学毕业并执教，其博士学位论文为《伊丽莎白时期以来的诗歌意象》（*Poetic Imagery Illustrated from Elizabeth Literature*）。但是他的研究从未受限于诗歌领域，1928 年出版了《文学判断》（*The Judgement of Literature*），1929 年出版了《伊丽莎白和詹姆士时期的戏剧》，并且在 30 年代担任了哥伦比亚大学布兰德·马修斯戏剧博物馆的馆长，也正是在此阶段他与世界各国的文学家和学者有了广泛的交流。

他的研究从英国诗歌、美国文学逐渐转向了东方文学，而关于亚洲的研究首先是从印度文学开启的。40 年代，威尔斯的研究兴趣转向了加拿大文学，陆续发表了诸如《加拿大诗歌中的觉醒》（"The Awakening in Canadian Poetry"，*The New England Quarterly*, March 1945）、《加拿大最著名诗人——E.J. 普拉特》（"Canada's Best-known Poet, E. J. Pratt"，*College English*, May 1946）等文章，并陆续策划出版了多个关于或涉及加拿大文学的书籍。他出版的《世界文学》（*World Literature*），在 1951 年时已经成为美国图书公司的大学教材中最畅销的书籍之一。到了 1959 年，威尔斯对印度文学产生了浓厚的兴趣，并且亲自到印度筹备关于印度诗歌和戏剧的书籍，还特意提到希望书中可以关注印度戏剧和西方戏剧样式之间的关系。60 年代出版的关于印度研究的书有《印度古典戏剧——受资助于〈文学半年刊〉》（*The Classical Drama of India: under the Auspices of the Literary Half Yearly*，1963）、《梵剧英译六种》（*Six Sanskrit Plays in English*）等。从研究印度文学开始，威尔斯对世界文学的态度越来越清晰，他坚信世界各地的语言、文学和文化之间存在着联系而不是孤立的。在他 20 世纪 50 年代的信件中，有非常明显的证据表明，他对中国诗歌的兴趣日益浓厚，尤其是对"唐诗的大师"杜甫兴趣最浓。

1969 年 1 月的《文学半年刊》中，除宣传了威尔斯即将出版的关于印度戏剧的译作以外，还有件重要的事情，即刊登了他英译的“杜甫诗”。

到了 70 年代，他自然而然地将研究重心转向了中国和日本文学，这与他的年龄不无关系。在生命最后的十年里，威尔斯自觉年事已高，但发现中国古典文学是最能够使人感到惬意和舒适的。所以他筹划了一本关于被他称为“全面的天才”——王维的诗画集，最终于 1974 年出版，《王维诗画集》（*An Album of Wang Wei by Ch'eng Hsi and Henry Wells*）这本书的前言部分和他的绘画一样，王维的大部分诗歌的意象都来自他隐居地附近的山水、山川和树木。他的思想与威尔斯相投，诗歌形式吸引人，意象也很贴切：与威尔斯在缅因州的那座乡间别墅里度过的夏日很像。所以在许多方面，威尔斯都对它进行了某种程度上的小说创作。1975 年，克林克博士收到了威尔斯的一份手稿，题为“与杜甫在哈德逊河边的平凡一天”，最前面的诗写道：“今天我与杜甫同行 / 行至自然，政治，艺术，宗教 / 他不再是手中褪色的书 / 而是身边的朋友和老师 / 无论我看到、听到或者感知到什么 / 都是借由他的眼、耳或心 / 虽然我已年近八旬 / 但我从未感到过如此亲密。”

事实上，70 年代的中美关系是阴晴不定的，虽然有所缓和，但美国人对中国的态度尚未完全回暖。在这样的文化环境下，威尔斯仍旧通过翻译和出版中国古典诗集将中国文化带给了学生和读者。其他的《西厢记》译者多具备汉学背景，早在高中或大学时期就已经接触到中国文学和文化，而亨利·威尔斯学术涉猎甚广，直到晚年才开始研究中国诗歌和文学，而这也恰恰为他带来了更加国际化和极具包容性的学术视野。尤其是他善于发现东方和西方、不同国家和民族之间文化的共通性，这成了他翻译《西厢记》的主要动机。

二、西方戏剧在亚洲戏剧中寻找灵感

20世纪中后期，随着美国汉学的发展，汉语课堂在全美数量不断增多，各个高校也设立了中国文学研究课程，戏剧文学逐渐开始有了新的发展，呈现出多元化发展的趋势。这一时期，荒诞派问世，实验戏剧风靡全美，黑人戏剧更加成熟，女性剧作家活跃不已，地方戏剧作家逐渐走上主流舞台，美国剧坛整体呈现出一种重生之后跃跃欲试的活力。其中，女性剧作家受美国六七十年代女权主义运动的影响，纷纷通过戏剧创作来表达自己的诉求，如梅根·特里（Megan Terry）的许多作品都带有强烈的女性主义色彩，宣传女性人物的力量。另外，还有许多才华横溢的戏剧家在戏剧形式上进行了多方位的探索，如萨姆·谢泼德（Sam Shepard）、戴维·马密特（David Mamet）等，他们的作品不再拘泥于传统戏剧的舞台和音乐传统，而是在音乐、舞蹈等其他艺术领域大量汲取灵感，进行独特的戏剧创作。在美国这样的戏剧环境下，也有不少戏剧家将目光投向了沉寂已久的东方，试图从中国戏曲中寻找新的创作灵感。

维拉·欧文（Vera R. Irwin）于1972年策划编辑了《亚洲经典戏剧四种》一书，书中主要内容是亚洲不同国家的四部经典戏剧的译文及相关内容，除了中国戏曲《西厢记》外，还有印度梵剧《瓦萨瓦达塔的幻象》（*The Vision of Vasavadatta*）、日本能剧《一角仙人》（*Ikkaku Sennin*）和《鸣神》（*Narukami*）。《亚洲经典戏剧四种》这部选集是为了介绍亚洲的经典戏剧和剧场，所以选择了中国戏曲、印度梵剧、日本能剧和歌舞伎。

书中也提到，东方文学被介绍到西方已经有几百年了，但直到20世纪初才有学者开始欣赏并重视亚洲戏剧及舞台。17世纪末18世纪初，英国、法国的装饰艺术认为东方是一种虽然迷人却古老陈旧的代表，因为这个阶段东方浪漫又陌生的种种表现大量出现在西方人的家具、壁纸和瓷器上。这些东西虽然吸引了西方人对东方的兴趣，但他们并没有把这种兴趣转移到对亚洲戏剧的研究上来。直到 19 世纪末，西方学者才开始真正用严肃的眼光来看待亚洲戏剧。这应该源自法国的象征主义运动，是戏剧发展寻找新出路的自然选择。与此同时，很多颇有创造力的艺术家也希望通过新的方式来提高自己作品的影响力，所以不断寻求和探索新的戏剧方式。比如这一时期，威廉·巴特勒·叶慈（William Butler Yeats）就试图寻找一种“间接的、象征性的”戏剧表达方式。在阅读了庞德（Pound）和费诺罗萨（Fenollosa）所著《能剧或技艺：日本传统舞台研究》（*"Noh" or Accomplishment: A Study of the Classical Stage of Japan*）后，威廉提出了东方戏剧对西方戏剧的可借鉴性和实用性。尽管有不少批评的声音认为威廉并没有真正了解日本能剧，但不可否认西方戏剧已经开始了向东方戏剧寻找灵感的进程。紧接着包括克劳德尔（Claudel）在内的许多戏剧导演也将目光转向了亚洲的戏剧舞台，他们认为亚洲戏剧中纯净的、戏剧性的、极富象征性的艺术形式就是他们最终的答案。这些戏剧家试图让西方戏剧从现实主义的框架中解脱出来，也将亚洲戏剧的样式和风格真实地带到了西方戏剧舞台上。例如，布莱希特（Brecht）的《高加索灰阑记》（*The Caucasian Chalk Circle*）和《四川好人》（*The Good Woman of Setzuan*）等。

威尔斯的《西厢记》英译本具有强烈的舞台特色，是可以直接用来进行戏剧演出的剧本，可以看作西方戏剧从东方寻找灵感的一种尝试。这在整个《西厢记》的英译历史上是具有创新价值的，同时也是独一无二的。从这一翻译现象，我们可以窥视到西方戏剧在发展过程中进行的内部的自我审视和向东方寻找灵感的主动探索，更可以从西方戏剧的角度总结中国戏曲对外的吸引力和产生译介活动的核心推动力。《西厢记》作为中国戏曲的最佳代表，那种与西方戏剧中不同类型的浪漫主义、唯美的戏曲表演，尤其是中国戏曲中独特的虚幻与想象正是西方戏剧试图在亚洲的舞台上发掘的艺术特性。可以发现，这一阶段，在威尔斯英译《西厢记》的活动背后，东西方戏剧传统之间的差异性和亚洲戏剧舞台上的独特性才是促使外国译者主动将目光放到中国戏曲舞台上的最主要动力，这也是威尔斯译本与之前两部案头性较强的译本之间截然不同的差异。

三、翻译思想及具体表现：总体戏剧

在《亚洲经典戏剧四种》一书中，每部所选戏剧的译文前都附有介绍，有戏剧评论，也有访谈、书信，或者译者在舞台表演和排练时的观察等，而如此全面介绍的目的是让读者更好地理解支撑着此书翻译思想的“总体戏剧”，也称整体戏剧（Total Theater）。总体戏剧也是亨利·威尔斯翻译《西厢记》所围绕的核心思想。总体戏剧认为演员才是戏剧艺术的中心，并非文字；而在演员中形体表演又是表演艺术的中心，提倡一种杂糅的表演形式。《亚洲经典戏剧四种》一书的编纂者们希望读者能够深切地感受到亚洲戏剧中将对话、动作和歌曲融合在一起的艺术特色，希望借此鼓励更多的人来研究亚洲戏剧。

虽然大家公认戏剧是一门综合艺术，但长期以来在西方的戏剧理论与研究中，文学性一直占据着比较重要的地位，即使是已经上演的剧作，其文字性的剧本也会得到出版并可以长时间供人阅读和研究。比如莎士比亚的作品之所以为全球大众所熟知，就是因为其文本的广泛传播。这一倾向从亚里士多德就开始了，亚里士多德认为“悲剧是对于一个严肃、完整、有一定长度的行动的摹仿”。同时他认为戏剧的六个成分中最重要的是“情节”，即“事件的安排”。[①]黑格尔认为：“真正的戏剧表演艺术，只涉及朗诵台词及面貌表情和动作的方面，诗的语言始终起着决定作用的统治力量。”[②]但是，随着

① 亚里士多德：《诗学》，罗念生译，人民文学出版社1962年版，第19—24页。

② 黑格尔：《美学》第三卷（下），商务印书馆1981年版，第270页。

科技的发展和戏剧舞台的变革，从前被忽视的舞台布景、背景音乐、灯光照明等要素在戏剧演出中变得越来越重要，不再单纯作为戏剧文学的附伸。所以将戏剧看作一个整体，表演、观众、舞台和戏剧文本等元素同等重要的诉求就越来越强。19 世纪，德国音乐家瓦格纳开了“整体艺术”理论的先河。他认为西方戏剧急需一种“未来的戏剧”，这种“未来的戏剧”是将人的肉体、情感和理智全面结合的艺术，即综合了戏剧所涉及的全部元素。所以，瓦格纳深刻质疑西方戏剧过于重文学性的倾向，认为要将文学、音乐、舞蹈三者结合起来，真正将戏剧看作一种综合艺术。自他的整体艺术理论提出以来，整个西方剧坛都受到了巨大的冲击，许多艺术家和文学家开始追随着他的脚步，越来越多的戏剧家加入了丰富“整体艺术”理论的队伍。威尔斯翻译的《西厢记》所在的图书《亚洲经典戏剧四种》就是在这样的情况下诞生的。

因此，威尔斯的《西厢记》译本更多的是舞台剧本，而非供读者阅读的读本。威尔斯本人并不懂汉语，其译本是在亨利·哈特英译本的基础上改译而成的。可想而知威尔斯译本与中文原文相比的改动有多大，所以将其称为改译本。然而对比原文和译文不是本书的研究重点，威尔斯译本有着其更为重要的特色和研究价值——揭示了中国戏曲对当时世界戏剧的重要启发意义和在世界剧坛中的地位，也突出展示了中国戏曲的根本魅力在于其独特而完整的艺术形式。

四、舞台性强的戏剧语言

威尔斯在其译本前写明了他的译本是在哈特英译本的基础上改写而成的，所以将其称为改译本。与前述两个版本相比，其译本最突出的创新点在于舞台性强，语言层面则是以英文诗的形式呈现。威尔斯《西厢记》英译本的舞台性主要体现在以下几个方面。

威尔斯的《西厢记》译本对舞台提示颇为重视，体现在保留、改写了哈特译本中的“科”。“科”也称科介、科白。徐渭《南词叙录》：“科：相见、作揖、进拜、舞蹈、坐跪之类，身之所行，皆谓之科。介：今戏文于科处皆作介，盖书坊省文，以科字作介字，非科、介有异也。”① 所以，可以将科介看作剧本中对演员的动作、情态等内容的指示和规定。科介是元杂剧中重要的组成部分，不仅可以指导人物的扮演者（演员），更可以展示出剧中人物的行为动作和情态，使角色更加生动立体。戏曲剧本的三大要素中，曲词、宾白往往受人重视，而科介则经常被忽略。尤其是初期戏曲剧本中的舞台提示相当简单，有的地方仅用“发科”“做嘴脸科”等作例行提示，而《西厢记》是少数将动人的曲词、生动的宾白和比较细致的科介集于一身的完美剧本。

前文提过威尔斯最推崇的是中国戏曲的舞台特色，所以对科介的保留是比较完整的，同时在哈特的译本上改写了一部分，使之更加细致，最终形成了比较完整的连贯动作，使《西厢记》的舞台叙事更加完整流畅。现摘录第一场“惊艳”（Startled by Beauty）和第十场“闹简”（Quarreling over a Letter）的科介原文如下，其中省略了曲词、宾白。

Scene 1: Madame Chêng [enters accompanies by Ying Ying, Hung Niang, and Huan Lang.], [Sings.], [Speaks.], Ying Ying [Sings.], [Exeunt Madame, Ying Ying, Hung Niang, Huan Lang.], [Enter Madam Ts'ui, Hung Niang, Ying Ying and Huan Lang], [Exeunt], [Ch'ang enters on horseback with a servant who walks and carries his lute.], [Ch'ang and his servant go out, Fa Tsung enters.], Ch'ang [enters], [Ying Ying and Hung Niang enter. Ch'ang sees them.], [Exeunt Ying Ying and Hung Niang], [Exeunt]

① 徐渭：《南词叙录》，见中国戏曲研究院编著《中国古典戏曲论著集成》（三），中国戏剧出版社，第 246 页。

Scene 10: [She sleeps.], Hung Niang [Sings.], [Ying Ying sits up, stretches, and yawns.], [She places the letter. Ying Ying arranges her dress. Hung Niang watches her closely.], Hung Niang [Sings.], [Speaks, to see the effect on Ying Ying], Ying Ying [angrily], Hung Niang [Sings.], [Speaks.], Ying Ying [angrily], [pretending], Hung Niang [Sings.], [Sings.], [Sings.], [She writes and hands the letter to Hung Niang.], [Exit Ying Ying.], Hung Niang [picks up the letter], [Sings.], [Speaks.], Ch'ang [enters], [Sings], [Speaks], [He stops and sighs deeply.], [Kneeling], Hung Niang [Sings.], Ch'ang [still kneeling and weeping], Hung Niang [Sings.], [Speaks.], Ch'ang [opens the letter, reads it through, Stands up, and laughs], [laughing], [laughing], [laughing], Hung Niang [angrily], [Sings.], [Sings.], Ch'ang [Sings.], [Exit Hung Niang], [Exit Ch'ang]

威尔斯深知舞台提示的重要性，所以其译本保留了原文中提示上下场和唱或念等动作的科介，保证了原文叙事的流畅。例如，第一场中的“夫人引莺莺、红娘、欢郎上云”“张生引琴童上云”“莺莺唱”“张生唱”等，译者一字不落译出。其翻译出的部分科介可以使人物的性格和情态更加生动立体，舞台效果更加强烈。如第十场中的莺莺连着两个“怒云”（angrily），将莺莺收到张生简帖时陡然变容，“三分羞惭，七分怨愤”的样子刻画得淋漓尽致；而后面张生连续三个“笑云”（laughing），则又使张生收到莺莺回帖，先悲后喜的情态跃然纸上。这样的戏剧效果缺少了科介的穿插是绝难呈现的。

威尔斯的译本还有一个重要特点是语言的简明。他对哈特的唱词和宾白都进行了大量的改写，其译本更适合戏剧表演之口头演出。如：

原文	哈特译	威尔斯译
夜深香霭散空庭，帘幙东风静。拜罢也斜将曲栏凭，长吁了两三声。剔团圆明月如悬镜。又不见轻云薄雾，都则是香烟人气，两般儿氤氲得不分明。	Cloud of incense fill the empty court. The screens are no longer stirred By the gentle eastern wind. She has offered up her prayers, And now leans against the balustrade. She has sighed audibly twice or thrice. The smooth disk of the moon is brilliant As a bright round mirror. I do not even glimpse The slightest cloud or wisp of vapor. There is no movement save The ascending incense- smoke And the soft breathing Of the two young maidens. They are enshrouded in the vapors. I can no longer see them clearly.	The hour is late. Thick incense fills the court; The gentle western wind that earlier swayed The screens has paused. Her prayers are at an end. Sighing she leans against the balustrade. The moon's smooth disc shines mirror-like and round. Ascending incense makes its face appear Shrouded in fog. I hear the two girls sigh But the two figures are no longer clear.

这一段唱词是写莺莺焚香祈祷，每每到最后一炷香就寂静无声，心中无限伤心事无法言语，只能倚栏长叹，金圣叹称此处唱词为“鬼工”“绝世奇文”。在哈特的译本中，第一、二、四句押尾韵，读来颇有原文诗意。而威尔斯在其基础上进行了改写，最终的译文是韵文，除前半部分押韵外，后四句也以“appear”“clear”押尾韵，匠心独运。不仅如此，整个篇幅明显减少，寥寥数句，不仅叙事清晰，而且语言简明，读来朗朗上口，体现了戏剧语言的特点，便于舞台演出。

第四节　赖恬昌：《西厢记》改译本

1973年，赖恬昌（T. C. Lai）和加马雷基安（S. E. Gamarekian）合作翻译的《西厢记》在香港由海纳曼教育书局出版。关于加马雷基安，笔者在整理和阅读文献的过程中唯一找到的相关信息就是与《西厢记》此译本相关，除此之外尚未找到其他充足的研究资料。国内有部分学者认为其身份应当是美国学者，但在此《西厢记》英译本的内页写着 S. E. Gamarekian 是赖恬昌的“一位朋友”（“with the help of a friend”），并未做其他介绍。所以此人未必是学者，或许只是一位精通汉英两种语言的外国人。因此，该部分的讨论主要围绕第一译者赖恬昌展开。

一、赖恬昌：中国文化的传播者

赖恬昌是一位在香港及海外享有广泛声誉的文化名人，但在内地却知者寥寥。他一生的工作都围绕中国古典文学和文化展开，著有多部介绍中国传统文化的作品；晚年醉心于绘画，不仅出版了多部关于中国绘画的大众读物，还举办了画展等活动。

赖恬昌对中国传统文化的熟悉和热爱是先天的。1921 年，他出生于书香世家，父亲是文化名人赖际熙（1865—1937），父亲的勤奋好学和博览群书对他有着深刻的影响。赖际熙于清光绪十五年（1889）中举人，后于光绪二十九年（1903）在中国历史上的最后一次科举考试中考中进士，授翰林院庶吉士，后授翰林院编修、国史馆纂修、总纂。民国时，他移居香港专心从事国学和教育工作，曾任香港大学中文总教习兼教授，创办中文系和学海书楼，同时也是香港崇正总会创建人之一，拥有极高的声望。在这样的家学渊源之下，赖恬昌从小接触中国传统文学和艺术，还曾跟随许地山、陈寅恪、马蒙等国学大师学习中文。他中学和大学都专修翻译，后来也一直从事翻译和教学工作，是香港翻译学会的荣誉院士。1970 年，他邀请钱山、宋淇等翻译家开设了翻译课程，以补充社会对翻译人才的需求；后又去香港中文大学主持校外进修学院，直到 1984 年退休。

可以说，赖恬昌既精通英语，又熟悉中国传统文学和文化。20 世纪 70

年代，赖恬昌观察到外国很少有关于中国文化的书籍，外国人了解中国文化的途径非常有限，所以他就着手翻译介绍中国文学文化的书籍，其中包括国画、书法、戏曲、诗歌等等。所以赖恬昌的翻译工作始终围绕着一个中心思想——为普通的西方读者服务，致力于使用通俗易懂的方式向西方人介绍中国文化，这也是其翻译《西厢记》的目的。所以总体上，赖恬昌翻译《西厢记》的思想是：译本在语言上通俗易懂，适合西方的大众读者，而在风格上则尽量传达原文带给读者的感受和体验。

二、戏曲的故事性改编

王实甫《西厢记》是元杂剧文采派的代表，语言华丽，感情真挚。其语言的来源主要有二：一是继承了唐诗宋词以来的语言艺术，二是吸收了元代民间口语，最后呈现出既辞藻华美，又质朴本色的语言特点。赖恬昌对《西厢记》中的叙事顺序和语言表达等进行了解构，并最终经由其翻译重构为一个全新的基于《西厢记》主体的译本—— 一个形式近似小说的大众读本，其语言和风格也呈现出与其他译本截然不同的特点。

首先，赖恬昌的译文形式更加西化。赖恬昌的译本共5本二十折，与“金批西厢”基本一致，同时也增加了部分内容使其更符合西方人的阅读习惯：一是在译文正文前增加了出场人物（Dramatis Personae），这是西方戏剧的常见做法，目的在于对文中主要角色和角色之间的关系进行简单的介绍，方便读者阅读。赖译《西厢记》的出场人物中介绍了莺莺、红娘、崔母、欢郎、张珙、方丈、法聪、惠明、孙飞虎、白马将军和郑恒，基本涵盖了全部出场人物，其中对莺莺的介绍是“相国之女，19岁的妙龄女子，性格敏感羞涩”，张珙是“贫寒的才子，正在准备科举考试”。戏曲中的故事对于中国读者来说是耳熟能详的，《西厢记》的故事也是如此，不过即使是观众不了解的剧情，也从来不会阻碍读者的阅读。而西方戏剧具有不同的传统，当作品角色众多人物关系复杂时，出场人物介绍就成了必要的存在。二是在每本每折的基础上，增加了“场”（Scene）的划分，每一折划分为 2 ~ 3 场，并且在每一场前增加了场景介绍，这也是西方戏剧的常见手法。例如，第一本第一折第一场前写着“在去博陵安葬的路上”，第二本第三折第一场写着“西厢，次日清晨”，这样简单介绍时间和地点的目的是让读者产生比较精准的联想，对故事情节发展的理解更加清晰。

其次，赖恬昌的译文对原文语言进行了大量的增加或删减，突出了译文的叙事性。赖译本中有些地方增加部分内容，使其对话更符合当时的场景和角色的身份。如第二本第三折中，开头夫人宴请张生，赖译本中的第一句为：“Welcome，Master Chang.”原文中并不存在。紧接着崔母让红娘去请莺莺出来，莺莺上场后的第一句“迅扫风烟还净土，双悬日月照华庭”用来指在张生的帮助下强敌退去、干戈化解的局面。此处赖恬昌则全部删去，直接从后文的一段“五供养”的唱词开始翻译，同时仍旧省略了第一句“若不是张解元识人多，别一个怎退干戈”，类似的情形在赖译本中还有大量例证，究其原因，《西厢记》原文注重文辞，有时一段唱词篇幅虽长，但叙事相对简单，而赖恬昌显然更注重译文的叙事性，所以简化了内容重复的唱词。

最后，赖恬昌增强了译文的口语化，语言更加直白。如第二本第一折第三场中，红娘看到莺莺“情思不快”，所以为其熏被，让莺莺小睡，原文中莺莺说道：“翠被生寒压绣裀，休将兰麝熏；便将兰麝熏尽，则索自温存。”赖恬昌译本中将莺莺的这段回答改译为：“It is no use. If you used the most fragrant orchid and musk, my coverlet would still be cold and lonely.”译回中文是“只是徒劳。就算你用了最好的兰香和麝香，我的被褥依旧是那么的寒冷和孤独”，将原文的唱词完全改写成日常对话。在第四本第一场张生与莺莺的亲热场景中，赖恬昌增加了一场典型的西方爱情式的口语表白：“I love you with all my heart and soul and am stunned by your virgin purity but desire overcomes my hesitation.”译回中文为：“我全身心地爱你，小姐是纯洁的处子，但我已无法抑制我的渴望。”西方人在爱情描写中经常有这样大胆直白的表达，但《西厢记》中的方式显然更加委婉，而赖恬昌在此增加的这句对白，体现了语言文字上明显的西化风格。

除了保留部分经典唱词的原文风格以外，赖译本最终的译文与原文其实已经具有很大的差别，语言与西方戏剧语言特点更加贴近，同时在阅读中甚至能感受到近似于小说阅读的某种体验。由此，倘若西方的大众读者阅读赖译本，应当也能获得较好的阅读体验，同时对《西厢记》这部中国戏曲作品产生基本的、清晰的认识。

第五节　杜为廉:《西厢记》全译本

杜为廉（1936—2015）是英国汉学家，代表了现代欧洲对中国戏曲研究的最高水准，其在中国传统戏曲的理论研究和翻译实践领域均有突出贡献，在整个西方都是首屈一指的，所以他的学术和翻译之路可以用“著”“译”结合来形容。

一、杜为廉的中国戏曲研究及翻译

杜为廉的学术态度一丝不苟，在研究中国戏曲的过程中极其注重文献的阅读和整理，同时也广泛吸收前人的研究成果，其最具代表性的学术成果是《中国戏剧史》（*A History of Chinese Drama*）。在此之前，西方关于中国戏曲的历史研究非常少，如 1899 年英国人威廉·斯坦顿（William Stanton）所著《中国戏剧》（*The Chinese Drama*）、1925 年美国人阿道夫·扎克尔（A. E. Zucker）的《中国戏剧》（*The Chinese Theater*），还有庄士敦（Sir Reginald

F. Johnson）写过一本关于中国戏曲的小册子《中国戏曲》（*The Chinese Drama*），但是真正意义上全面介绍中国戏曲的书籍市场是空白的。《中国戏剧史》于1976年由保罗·艾勒克出版公司（Paul Elek）在伦敦出版，全书共327页，从中国戏曲的起源开始谈起，在12章中陆续探讨了唐代戏剧、宋金杂剧、元代杂剧、南戏、明清传奇、19世纪的京剧、20世纪的传统戏剧、1949年前后的话剧等等。杜为廉在其中不仅介绍了每个时期中国戏剧发展的程度、艺术特征和相关研究等内容，并且翻译了许多中国戏曲经典片段，如董解元的《西厢记诸宫调》、朱有燉的院本《吕洞宾花月神仙会》、南戏《张协状元》、老生戏《捉放曹》、旦戏《尼姑思凡》等等。杜为廉自评“这本书的最大特点应该是系统和详尽。与之前和之后其他研究论著相比，它不仅规模更大，而且更加系统。它大量吸收了中国著名学者的研究成果，同时也大胆地采用了世界各国的一些‘一手’和‘二手’的资料。全书时间跨度很大，不仅是历史的，还有历史的延续，因此资料的搜集整理工作量很大，更重要的是必须有自己的判断力。在西方这应该是一部拓荒者的论著。”[①] 柳无忌为这部著作撰写了书评，说杜为廉的《中国戏剧史》是“中国戏剧研究的一座里程碑”，“对中西有关中国戏剧研究的成果做了全面的总结”，“为进一步研究中国丰富的戏剧文学和传统戏剧铺垫了道路”。[②]

在杜为廉的研究生涯中，关于元杂剧的研究一直是重心，有多部关于元杂剧主题、剧作家和作品研究的著作出版和论文发表，如《王实甫：中国最著名的剧作家》（*Wang Shih-fu: Playwright of China's Most Famous Play*）、《元杂剧的秘密和悬念》（*Some Mysteries and Moorings about the Yuan Variety Play*）、《中国戏剧之父：关汉卿》（*Kuan Han-Ch'ing: China's First Playwright*）、《元杂剧

① 朱伟名：《英国学者杜为廉教授访谈录》，《文学遗产》2005年第3期，第139页。

② Liu, W. C. “Book Review of A History of Chinese Drama by William Dolby”. *The China Quarterly*, 1977, 71 (Sept.), pp. 626-628.

〈生金阁〉词汇全编》（*A Full Concurrent Vocabulary of the Yuan Drama Sheng-jin Ge*）等。关于中国的元杂剧，杜为廉也有许多自己的观点。他认为元杂剧结构和思想的精髓在于其曲词，并对“曲”这种诗体的兴起和变迁有过重要论述；关于元杂剧的剧作家，他曾对《录鬼簿》和《录鬼簿续编》中记载的剧作家们进行了阶段性的归纳分析；另外也对元杂剧的音乐有所研究，认为音乐的地位是至关重要的等等。所以可以说，杜为廉对中国戏曲的研究既大又全，他的治学风格在其翻译工作中也体现得淋漓尽致。

杜为廉关于戏曲翻译也有自己的看法。他认为想要做好戏曲翻译，不仅要懂得汉语，还要了解中国传统文化。翻译文学作品和翻译其他类型的资料是不同的，对译者的水平要求更高，他尤其指出三点：“第一，最好的翻译者不仅应该热爱两种语言，热爱由语言所创造的文学的精神与优美的意境，而且还需要有高水平的文学创造力。第二，翻译者一定要尽可能地忠实于原文。原文是宝物，既然是宝物，就要极端慎重地对待它。这种佩服与爱惜原文的态度，有助于人们掌握真正的翻译精神，避免过分地歪曲原文，而能够更充分地探测与了解原文。第三，要想完美地翻译中国文学作品，特别是古代用文言文创作的文学作品，我们必须鼓起极大的勇气，有时甚至不得不承认是不可能做好的事情。汉语语音的微妙且具有潜在的魅力，它诗律的独特平仄节奏，诗句的精密与简洁，典故的丰富与含蓄（通常需要用篇幅长到一二页的注解来完成，可是用注解很容易失去原文之美），这一切都很难直接搬到外国语言中去，可以翻译出来的往往只是原文的基本内容。可以说，翻译是很重要同时也很困难的工作。”[①] 所以，杜为廉不仅认为译者的水平非常重要，更提出了“忠实于原文”这样的翻译原则，同时也承认了翻译中国戏曲作品中存在的不可译性，这些思想在他翻译《西厢记》的实践中得到了非常好的印证。

---

① 朱伟名：《英国学者杜为廉教授访谈录》，《文学遗产》2005 年第 3 期，第 142 页。

二、忠实于原文和译本的"文学性"

杜为廉的《西厢记》译本是在世界范围内得到广泛传播的英译本之一，同时也是欧洲，尤其是英国的汉学课堂上最常见的教材和参考书目，是西方人了解《西厢记》和中国戏曲的极佳途径。然而目前在国内尚未有针对其研究的学术成果，真不失为一种遗憾。本部分内容将从杜为廉的"忠实于原文"和其译本的文学性两方面探讨其译本的主要特点。

（一）忠实于原文

杜为廉翻译《西厢记》的主要思想是"忠实于原文"。其译本封面除了《西厢记》的英文译名 *West Wing* 以外，还有"中国最著名的戏剧，作者王实甫"（China's Most Famous Drama, by Wang Shih-fu 13th-14th Century A.D.）。同时在序言部分提到，《西厢记》就是中国的"罗密欧与朱丽叶"。杜为廉将《西厢记》与西方最伟大的爱情戏剧相提并论，可以看出他对《西厢记》的态度是非常推崇的。封面上还有"修订和注释译本"（Revised and annotated translation）的字样，可以看出杜为廉是在《西厢记》的权威版本下翻译出带注释的译本。在翻译策略上，杜为廉采用了异化为主、归化为辅的策略，对戏曲特色、语言形式、文化意象均做了比较完整的保留。

杜为廉对《西厢记》戏曲特色的保留体现在多个方面。

首先，对原文戏曲结构的保留相当完整。王实甫在元杂剧的体制上进行了创新，《西厢记》与其他元杂剧一本四折的结构不同，而是分五本，每本四折一楔子，共二十折五楔子，在元杂剧中属于鸿篇巨制。杜完整地翻译了全部内容，包括每本的题目、楔子和题目正名，是首个完整翻译全部内容的译者。杜为廉《西厢记》英译本每本题目见表 3-2。

表 3-2 杜为廉《西厢记》英译本每本题目

第一本 张君瑞闹道场 杂剧	第二本 崔莺莺夜听琴 杂剧	第三本 张君瑞害相思 杂剧	第四本 草桥店梦莺莺 杂剧	第五本 张君瑞庆团圆 杂剧
"Chang Chün-jui at the chaotic requiem-service" Variety Play drama	Ts'ui Oriolette listens to the dulcimer at night	Chang Chün-jui in the throes of maladie d'amour	Dreaming of Oriolette at Strawbridge Inn	Chün-jui celebrates happy reunion

其次，中国戏曲在语言形式上最重要的特色是唱词和宾白穿插，宾白主要承担叙事目的，而唱词突出抒情功能。杜为廉作为一名汉学家，对曲词的看重是非比寻常的。研读他的译本可以发现，其中以两种不同字体对唱词和宾白进行了区分，而且在大部分唱词前增加了科介，如“Orioletta（Sings）（莺莺唱道）”用以提示读者此部分是唱词。

最后，他用第三种字体来表示原文中的诗词，可见其认为诗词在戏曲中是具有特殊位置的。如第一本第二折中，张生看到莺莺为亡父祭奠，感伤身世，发出了“哀哀父母，生我劬劳”“欲报之德，昊天罔极”的追怀之情，原文出自《诗经·小雅·蓼莪》。此处杜为廉用了与唱词和念白不同的较小字号，加之双引号译为“Alas, alas, my father and mother,/ My birth occasioned you great toil and grind:/ I yearn to requite you love profound,/ But it was as mighty Heaven without bound.”提示读者此处为诗词，从而达到对原文内容的合理区分，使读者对戏曲结构有更清晰的认识。

杜译本另一个显著的特色就是注释丰富。在阅读其译本的过程中，最直观的感受是注释数量之多、内容之丰富，几乎可以与国内的《西厢记》注释本相媲美，注释的篇幅甚至可以与正文平分秋色。杜为廉在与中国文化和文学相关的、西方读者比较陌生的地方均以脚注的形式加以解释，不仅解释了字面的意思，更解释了其源流、历史上的变化和其他的相关信息，对想要充分了解中国传统文化的读者来说是一部绝佳的译本。如《西厢记》开篇第一本的题目“张君瑞闹道场杂剧”，对“杂剧”这一概念，杜为廉在脚注中先解释了“杂剧”的定义，并简要概述了戏曲的发展变化，后又继续对杂剧的基本概念如“折”“套曲”“诗词”等相关内容进行了解释，使读者初步了解了元杂剧的形式，提前消除了形式上的陌生感。另一种注释则是对原文中采用比喻等修辞的内容进行分析，解释其内在的隐含意义。再如第一本第三折最后，“再不向青琐闼梦儿中寻，则去那碧桃花树儿下等”。此处的“青琐闼”和“碧桃花树儿下”通常有两种理解：一是张生用“青琐闼”来代指莺莺的闺房，表示张生已经知道彼此心灵相通，只需静静等待两人见面即可，因元代常用“碧桃花下”“牡丹花下”“海棠花下”等意象代表男女相约幽会之意；二是“青琐闼”指朝廷，所以此处可以理解为张生不再求取功名，只想和莺莺在“碧桃花下”追求爱情。此处杜为廉将其理解为第二种，并且用 3 页的篇幅解释了“青琐闼”“碧桃花”在元代文学和其他戏曲作品中的使用情况，最后做出论断，其翻译态度之严谨可见一斑。

（二）译本的“文学性”

杜为廉自言其译本的“文学性”是一大特点，笔者认同此观点。那么何为“文学性”?《西厢记》中的“文学性”体现在哪些方面？杜译本的“文学性”又应当如何进行考察?

“文学性”是在漫长的文学发展史中经常被提及的话题，数代文学研究者都曾经投身于这一问题的讨论中，试图通过阐释“文学性”这一神秘的话题来追求文学的本质。其中比较有代表性的是俄国的形式主义学派在 20 世纪初的论断，他们认为文学研究的对象应该是作品本身，文学作品的语言、结构等形式上的特点是文学研究的重心，“文学性”是文学文本的价值所在。什克洛夫斯基指出，“陌生化”是一部文学作品在语言和技巧上实现“文学性”的重要途径。什克洛夫斯基在《作为手法的艺术》中说：

那种被称为艺术的东西存在，正是为了唤回人对生活的感受，使人感受到事物，使石头更成其为石头。艺术的目的是使你对事物的感觉如同你所见的视像那样，而不是如同你所认知的那样；艺术的手法是事物的“反常化”手法，是复杂化形式的手法，它增加了感受的难度和时延，既然艺术中的领悟过程是以自身为目的的，它就理应延长；艺术是一种体验事物之创造的方式，而被创造物在艺术中已无足轻重。[①]

由此可见，文学性是与日常生活中的事物有显著不同的一种属性，具体表现在作者通过语言的特殊加工使日常语言变形，变得陌生、反常，从而赋予读者一种陌生的、全新的整体感知，其本质是一个美学问题。《西厢记》恰恰是具备这一意义的作品，其语言如“花间美人”，作者通过对语言的熟练运用，将一个起源于唐代的爱情故事描写得优美动人，具有了超出原故事的美感。美国《大百科全书》的中国元代戏剧条目中写道：“《西厢记》是描写青年爱情的浪漫戏剧，是剧作者王实甫以无与伦比的华丽文笔写成的，全剧表现出一种罕见的美。”这种“罕见的美”与俄国形式主义学派的“陌生化”效果有异曲同工之妙。而《西厢记》文中体现的这种“罕见的美”在很大程度上来源于王实甫以诗传情、以诗言志的手法，在此选择了《西厢记》中崔张之间的三次情诗来作为材料对杜为廉译本的“文学性”进行分析。

《西厢记》中有两处写到诗的地方已经成了经典，正是这两次诗串联起了崔莺莺和张生的旷世爱情。第一次是张生“惊艳”于莺莺后，得知莺莺要去园中祭拜，特意到一墙之隔处吟诗，于是崔张二人有了第一次情感上的交流。第一本第三折“月下联吟”：

① 什克洛夫斯基：《俄国形式主义文论选》，方珊等译，生活·读书·新知三联书店1989年版，第6页。

原文	杜译
月色溶溶夜， 花阴寂寂春。 如何临皓魄， 不见月中人?	Night suffused with moonlight, Springtime lonely in the blossom-shade; Shall I approach the crystal orb, And yet not meet its Moon Fairy maid?

这四句诗写出了张生对爱情的渴望和对莺莺的期待。他将莺莺比作月中之人，发出了寻而不得的呼唤。此时的莺莺在自己妙龄无知音的伤感之下，抑制不住内心的喜悦依韵和道：

原文	杜译
兰闺久寂寞， 无事度芳春。 料得行吟者， 应怜长叹人。	Long lonely I've been in my orchid bower, Where all uneventful spring I've stayed; Surely, strolling minstrel bard, You'll take pity on this sighing maid!

这四句诗体现了莺莺对爱情的渴望和其大胆的性格。虽然隔墙和陌生书生联吟不符合礼教，但她仍然在这个月白风清的夜晚鼓起勇气抒发了自己的愁绪。二人的诗感情基调和风格迥异，张生的诗热情、开阔、跳跃；崔莺莺的诗则哀切、婉转、纤细。这次月下联吟是他们二人首次在情感上的交流和碰撞，也是这对爱情男女互诉衷肠的最佳媒介。

崔张二人的诗各只有短短20个字，但是传达出了无限绵长的情感。杜为廉的译本对原诗意境和情感的还原是比较精彩的，同时也具有一定的文学性。张生的诗从形式上来看，整体4句都比较简短，篇幅相当，与原诗类似；同时以“blossom-shade”和“maid”押尾韵，读起来颇有中国五言诗朗朗上口的风格。从内容上来看，通过使用“moonlight”“springtime”“crystal orb”“Moon Fairy”这几个连环的意象，组成了一幅良宵寂寂、月光如银的画面，尤其是最后两句以“shall I”开头的问句，恰到好处地表现了张生发自内心的渴求和追问，将其心境表露无遗，对原诗的“文学性”表达非常到位。崔莺莺与张生的诗在情感上有所不同，所以杜为廉为了突出莺莺诗中那种淡淡的忧愁，前两句分别使用了形容词“long lonely”和“uneventful”，将莺莺的情感显化，表现了一位深闺女子的寂寞和孤单；后两句中的“surely”是点睛之笔，对应的原文是“料得”，“surely”的意思是“当然，无疑”，完美地体现了莺莺渴望感情得到回应，早日觅得真爱的情感诉求；最后一句“应怜长叹人”，杜为廉将其句号改为感叹号，更是突出了莺莺抑制不住内心喜悦的感受。所以总体来看，杜为廉对《西厢记》中的诗句是进行过仔细分析的，对其蕴含的情感色彩比较了解，同时也能做到准确地传达，而这样的译文所带有的“文学性”效果绝不是口语化的一般表达所能比拟的。

第二次是张生堕入情网无法自拔，痛苦难当时，红娘带来了崔莺莺给他的一封书简。书简中的诗句是：

原文	杜译
待月西厢下， 迎风户半开。 拂墙花影动， 疑是玉人来。	The moon beneath the West Wing awaiting, Door half ajar, “breeze” -romance welcoming; Shadows stir, of blossoms wall-brushing, Sense my jade-handsome person approaching.

张生看过之后即刻大喜过望，原来“小姐骂我都是假，书中之意，着我今夜花园里来，和她‘哩也波哩也啰’哩！”莺莺此诗表面上看起来像是普通的写景抒情诗，但其实是一首暗藏其巧妙心思的约会诗，意思是等到今晚月亮升过了柳树，我就在西厢下开门等你，看到墙上的花影随风而动，我就知道是你张生来也。这是莺莺主动相约的示怀之诗，是冲动之下发乎本心的索求，意境不俗。杜为廉此处的翻译在语言上更加精巧，诵读整体，与原文的第二句和第四句押韵不同，四句皆押尾韵“-ing”，较好地传达了原文的音韵美，产生了一种曲折绵延的美感；全诗的意象基本都采用直译的翻译策略，如“西厢”（west wing）、“户半开”（door half ajar）、“花影”（shadows of blossoms），所以在“moon”“breeze”“shadows”“blossoms”等词的组合下，即使是西方读者也能感受到原文中那种幽寂又充满期待和希望的情感。尤其最后一句，将“玉人”译为“jade-handsome person”（像玉一般美好的人），“来”译为

"approaching"（接近），表现出一种意犹未尽、静待后文的期待感。

《西厢记》中的诗歌是其能在中国戏曲中独树一帜的重要原因，也是其"文学性"的主要体现。而杜为廉在面对诗歌翻译时，显然对诗歌的情感和意象理解都非常透彻，同时兼顾形式，最后的译文既能完美还原原诗的意境和情感，又令人读来节奏感、韵律感均很强，是《西厢记》诗歌英译的上品。

第六节　奚如谷和伊维德：《西厢记》全译本

奚如谷和伊维德是美国汉学界的领军人物，也是西方研究中国戏曲的大家。曾有学者认为他们"文献基础扎实，立论谨严；注意吸收西方社会科学、人文学科研究的新成果和新理论；通晓多种语言，视野开阔。这些都是值得中国学者学习的"[①]。奚如谷在密歇根大学的东亚语言与文学系获得博士学位，是美国元杂剧研究大家詹姆斯·I. 柯润璞（James I. Crump）的高足。柯润璞在美国是中国戏曲的元老型人物，曾师从老舍学习中国文学，一生从事中国古典文学研究和教学，后专攻宋、金、元文学，在中国早期历史典籍、宋元诗词、说唱文学、戏曲理论等领域有诸多建树，其《元杂剧的剧场艺术》（*Chinese Theater in the Days of Kublai Khan*）是英语世界元杂剧研究的奠基之作。除奚如谷外，他还培养了许多戏曲研究者，如章道犁、彭镜禧等。奚如谷最令人瞩目的当数其戏曲研究及翻译，他十分重视版本的比较和原文献的解读，认为研读文献是学术研究中最基本且最重要的方法，只有挖掘文献、提出方法，并不断对观点进行论证才能得出有价值的结论。例如，他在专著《歌舞与叙事：金代戏剧面面观》（*Vaudeville and Narrative:*

① 孙玫：《简论戏曲研究之中西互动》，《戏曲艺术》2007 年第 4 期，第 20—24 页。

Aspects of Chin Theater）中，有关戏曲的论文有《纯洁与诱惑：论王实甫〈西厢记〉中莺莺的性格塑造》（“Innocence and Allure: The Characterization of Oriole in Wang Shifu’s *The Story of the Western Wing*”）、《空间转换：〈宦门子弟错立身〉方言考》（“Shifting Spaces: Local Dialect in *A Playboy from a Noble House Opts for the Wrong Career*”）、《论〈才子牡丹亭〉之〈西厢记〉评注》（“On the Talented One’s Version of the *Peony Pavilion’s* Commentary on the *Story of the Western Wing*”）等等。同时，他参与编写了欧美最重要的关于中国文学和戏曲的教科书——《剑桥中国文学史》（*The Cambridge History of Chinese Literature*），奚如谷负责撰写其中的“金元文学”部分；撰写了《印第安纳中国古代文学指南》（*The Indiana Companion to Chinese Literature*）“元代文学”中的“元杂剧”（Drama）部分等。

伊维德是哈佛大学东亚语言与文学系教授，在来美国之前两度出任荷兰莱顿大学人文学院院长，其研究领域包括中国元、明、清文学，白话文学以及女性文学等，在美国和欧洲的汉学界均有极高声望。而伊维德的学术生涯起步于他对诸宫调的研究，提出了“伟大的激情”这一重要论断，从而在欧美汉学界崭露头角。对于“才子佳人”型叙事，伊维德认为伟大的爱情故事主题的核心是伟大的激情，这种激情会影响人的行为；同时他将冲突的原则引入“才子佳人”型叙事，在探讨《西厢记》的主题时，指出我们应该明确张生在追求爱情上最需要克服的障碍或冲突并不是封建礼教或者家长制。张生对莺莺伟大的激情的来源是爱情，但他求而不得的真正原因在于崔莺莺对他的控制和玩弄，所以最终得出的结论是张生遇到的真正障碍是女人成了主宰，而他却变成了被支配者。

与此类似的视角和观点在伊维德的研究中不在少数，他极其擅长以女性主义的视角和眼光去考察元杂剧的主题和角色。伊维德在论文《性与贞：弘治本〈西厢记〉中莺莺的形象塑造》（“Sexuality and Innocence: The

Characterization of Oriole in the Hongzhi Edition of the *Xixiang Ji*")[①] 中探讨了弘治本《西厢记》中莺莺的性格塑造问题，他认为莺莺被塑造成一位深闺之中对爱情有着热切渴望的妙龄女子，自然而然地具有青春期少女的欲望与羞耻感的冲突，而这正是控制她做出某些行为的核心矛盾。

一、伯牙子期：奚如谷和伊维德

奚如谷和伊维德之间长期的友谊也成了国际汉学界的一段佳话。二人在30多年间合作发表了多篇论文和多部专著，在海外享有极高的声誉，代表了现代欧美汉学研究，尤其是中国戏曲研究的最高水准。他们合作的第一部著作是《1100—1145年间的中国戏剧：资料手册》(*Chinese Theater 1100-1145: A Source Book*)，出版于1982年。这本书从元代的剧场、庙台到皇家剧场讨论了元代的戏剧表演，同时也对诸宫调等其他文学形式进行了介绍；书中还有不少宋金元明时期戏剧的译文。作者在序言中说道："我们希望通过对这个时期戏剧生活，舞台和剧场，男女演员，他们的行会，他们的表演及生平，以及他们与剧作家和公众的关系等的研究，能对该时期丰富的戏剧文学研究和欣赏做出贡献。"[②] 另一本合作的著作是2010年在美国出版的《僧侣、强盗、爱人和神仙：十一部中国早期戏曲》(*Monks, Bandits, Lovers, and Immortals: Eleven Early Chinese Plays*)，在此书中两位汉学家翻译了11部包括杂剧和南戏在内的戏剧，如《窦娥冤》《倩女离魂》《梧桐雨》等，其翻译质量受到了高度赞扬。2012年二人合作出版了另一部译著：《战争、背叛和兄弟义气：

---

① Wilt L. Idema. "*Sexuality and Innocence: The Characterization of Oriole in the Hongzhi Edition of the Xixiang Ji*", in *Paradoxes of Traditional Chinese Literature*. Hong Kong: The Chinese University Press, 1995, p.21.

② Ronald Egan:《北美宋金元文学研究，北美中国学——研究概述与文献资料》，蒋树勇译，中华书局2010年版，第632页。

早期三国戏》(*Battles, Betrayals, and Brotherhood: Early Chinese Plays on the Three Kingdoms*)。在此书中二人收集并翻译了与三国题材相关的戏剧，如《刘关张桃园三结义》《关张双赴西蜀梦》《诸葛亮博望烧屯》等，对英语世界的元杂剧翻译和研究做出了重要贡献。

在二人的合作中，最引人注目的当数合译《西厢记》，这也是目前公认的《西厢记》最权威的译本。译本在 1991 年以《月与琴：西厢记》(*The Moon and the Zither: The Story of the Western Wing*)为名由加州大学出版社出版，在 1995 年又以《西厢记》(*The Story of the Western Wing*)为名进行了再版。蒋星煜评价此译本“两位译者的汉学造诣甚深，对整部中国历史、中国戏曲史有全面了解，对西方音乐、美术、文学、戏剧亦广泛涉猎，所以此译本在信、达、雅三方面都超过了以前的《西厢记》翻译者，包括中国翻译《西厢记》的熊式一等在内”①。奚如谷和伊维德的《西厢记》合译本不仅是阅读这部中国最伟大戏曲的经典读本，更是西方关于《西厢记》研究的重要成果，译本超过 150 页的导论是二人关于《西厢记》研究的主要成果。

二、阴和阳：《西厢记》英译本的副文本解读

奚如谷和伊维德的《西厢记》英译本的副文本主要包括致谢、序言、导论等部分，是两位译者对《西厢记》这部作品研究和思考的第一手信息，也是辅助英译本研究的重要资料。

在致谢(Acknowledgements)部分，两位译者表示这是他们第二本合作翻译的书籍，并介绍了他们是如何从欧洲和美洲大陆两个相隔万里的国家走到一起并进行合作的。1987 年伊维德在荷兰—美国教育交流委员会的资助下从莱顿大学来到了伯克利进行交流；奚如谷则于 1988 年在伯克利流行文化项

① 蒋星煜：《西厢记研究与欣赏》，上海辞书出版社 2004 年版，第 335—336 页。

目的资助下到德国波鸿大学和荷兰莱顿大学游学。他们相识以后惺惺相惜，碰撞出学术的火花，于是开始了长达30多年的学术合作。同时，译者们也指出在出版之前，柯润璞和白之曾经阅读过手稿，并且提出了重要意见。白之同样是美国知名汉学家，译有《牡丹亭》，并且其译本在英语世界早已成为经典，对中国戏曲翻译有着独到的见解。

奚如谷和伊维德合译的《西厢记》译本的序言（Preface）也由白之撰写，他的观点在一定程度上代表了西方世界对这部译著的态度和看法。白之对两位译者的翻译工作表示了极高的认可及赞扬。首先他简单介绍了“才子佳人”类型戏曲的故事内核，进而将话题带向了《西厢记》。当最终说起奚如谷和伊维德的合译本时，他肯定了两位译者的底本选择——以弘治本《西厢记》为底本，并参考凌濛初刻本进行了校对，体现了两位汉学家在底本选择上的严谨；然后称赞了两位译者在翻译中的忠实，并且与熊式一的译本进行了对比，认为熊译本是“能用的”。最后作为总结，对两位译者在导言中的学术成果表示了高度的肯定；同时指出奚如谷和伊维德的翻译再现了原文雅俗结合的文字特点，口头性与诗性并存；并且以丰富详尽的注释为读者提供了借鉴。

导论（Introduction）部分是此译本最重要的副文本，既是奚如谷和伊维德二人关于《西厢记》研究成果的集中体现，同时也是现代西方《西厢记》研究较高水准的代表，对国内的《西厢记》研究也具有一定的启示。在导论中，两位译者分五部分，讨论了《西厢记》在中国文学史上的地位、《西厢记》的作者和著作权问题、“西厢”故事的源流和变革、《西厢记》对元杂剧的创新和《西厢记》中的种种文学性问题。其中最重要，也最能代表二人在《西厢记》研究中的创新之处的是第五部分。这一部分对《西厢记》中的意象和隐喻做了十分详尽的分析，试图发现这部作品语言之外的深层内涵。虽然两位译者自言所有内容都是合作完成的，但仔细阅读第五部分的内容可以明显发现观点与前文伊维德关于《西厢记》中“伟大的激情”的分析是一脉相承的，所以我们有理由相信此部分应当主要由伊维德执笔。译者对《西厢记》的阐释是全新的，他们认为《西厢记》中的世界可以以中国古典哲学中的“阴”和“阳”进行划分，属于“阴”的有黑暗、冷、女性等，属于“阳”的有太阳、热、男性、光等等。《西厢记》中的故事显然是发生在一个以“阴”为主的世界，故事发生的地点普救寺是为了供奉武则天（一位女皇，显然为“阴”）而修建的，借住在寺庙里的崔家人主要是女性，并且主要的故事情节都发生在夜晚（还是“阴”）月下（“阴”），如墙角联吟、月下听琴，再如张生最后与莺莺的结合等，所以可以说张生这一“阳”的形象闯入了由女性主导的“阴”的世界，也就只能受控，而不再具有在男权社会的主导权。这也解释了为何崔母、莺莺数次反悔，将张生折腾得魂不守舍、颠三倒四，成了红娘口中的“傻角”。最后，译者也指出张生决定进京参加科举考试，是冲出了“阴”的世界的象征，回到了男权的“阳”的世界，所以恢复了自信。同时，译者对红娘这一角色也进行了与众不同的剖析，他们认为红娘在整个剧中的角色并不是人们通常所言的“观察者、批评者或支持者”，而是一位当事人。红娘自始至终的行为都有着与其利益相关的动机，即“红娘为她的小姐找到一个美满的伴侣，同时也就是为自己找到了合适的主人”①，所以红娘成崔张二人好事的原因是她认可了张生成为自己未来的男主人。译者以第一本第三折月夜焚香作为例证，红娘说道：“姐姐不祝这一炷香，我替姐姐祝告：愿俺姐姐早寻一个姐夫，拖带红娘咱！”由此可以看出译者对《西厢记》故事及其中的隐喻和寓言完全脱离了传统上认为崔张二人的爱情“反礼教”“反传统”的一面，而是进行了十分具有现代性的分析。

通过解读其副文本，可以对奚如谷和伊维德《西厢记》译本在英语世界的经典地位有一个总体的认识，同时也可以详细了解到两位译者关于《西厢

① Stephen H. West, Wilt I. Idema. *The Story of the Western Wing*. Berkeley and Los Angeles: California University Press, 1992, p.126.

记》研究的完整成果，这对下一步分析译文的特色具有重要作用。

三、口语化和诗性并存

王实甫作为写词圣手，通过汲取前朝诗词使《西厢记》形成了华美动人的语言风格；同时对《西厢记》民间口语俗谚的灵活吸收和运用也非常熟练，所以《西厢记》是将优美绮丽的语言和生动泼辣的民间口语并用的完美艺术作品，并且达到了一种和谐的境界。奚如谷和伊维德的《西厢记》合译本，在语言上比较完整地还原了原文的意象，这也是汉学家译者的共通之处；同时在整体风格上也体现出口语化和诗性并存的特点，这是其译本最大的特色，先各举一例进行分析。

在第三本第三折中，张生看了莺莺的书简，认定她在诗中暗示让他晚上前来相会，于是依约赴会，在见到莺莺之前，有两段与红娘的对话，生动活泼，将张生急切又自信的情态描绘得栩栩如生，而红娘直白泼辣的语言表达则为原文增添了活泼的意趣。

原文	译文
（红云）赫赫赤赤，那鸟来了。 （末云）小姐，你来也。 （搂住红科）（红云）禽兽，是我，你看得好仔细着，若是夫人怎了。 （末云）小生害得眼花，搂得慌了些儿，不知是谁，望乞恕罪！ （红唱）便做道搂得慌呵，你好索觑咱，多管是饿得你个穷神眼花。 （末云）小姐在那里？ （红云）在湖山下，我问你咱，真个着你来哩？	(Crimson speaks:) That prick's here. (Male lead speaks:) Missy, you've come! (Male lead acts out embracing Crimson. Crimson speaks:) You animal, it's me! You ought to keep a careful lookout. What if I had been the madam? (Male lead speaks:) I've suffered so much, my eyes are dizzied, and I embraced you all too rashly. I hope you will forgive me. ([Crimson] sings:) Even if you embraced me all too wildly, You'd better keep your eyes open. [(Crimson speaks:)] It must have been because [(Crimson sings:)] You, poor devil, were so starved that your eyes were dizzied.

续表

原文	译文
（末云）小生猜诗谜社家，风流隋何，浪子陆贾，谁定扢扎帮便倒地。 （红云）你休从门里去，则道我使你来。你跳过这墙去，今夜这一弄儿助你两个成亲。我说与你，依着我者。	(Male lead speaks:) Where is your missy? (Crimson speaks:) By the rockery. But I ask, did she really summon you here? (Male lead speaks:) I am a member of the Society for Solving Riddles, a romantic Sui He, a rakish Lu Jia. No doubt, in one fell swoop we'll fall to the ground! (Crimson speaks:) Don't come in through the door. She'd only say that I let you in. Go jump across the wall. This one acrobatic trick will help the two of you get married tonight. I'll tell you what to do, and you act accordingly.

这段对话是《西厢记》中口语化表达的经典喜剧化场面，张生来赴莺莺之约，虽然提前与红娘定好了暗号，但是天黑路难辨，心慌神易乱，张生错将红娘当成了莺莺，所以有了如此戏剧性的一幕。红娘牙尖嘴利，免不得要对张生嘲讽一番，所以这段诨语甚是精彩，而张生后面的对答也颇为好笑。首先，红娘将张生称为“那鸟”，是元代俗语，通“屌”，专门用来骂人的，译者译为“prick”（美国粗俗俚语，有蠢货、阴茎的意思），体现了两位译者对中英双语的灵活运用；同时“prick”一词是美国日常生活中非常常见的咒骂，是再恰当不过的译法。后面张生抱错了红娘，红娘一声咒骂“禽兽”，译者译为“animal”，中规中矩，而亮点在于“It's me！”（是我）这句，译者将原文的句号改为感叹号，增强了译文的语气，更具口头性。再如红娘向张生确认莺莺是否有对他发出邀约，张生的回答中增译了“No doubt”（绝对没问题），此时的张生信心满满，只需静待莺莺到来的样子颇为好笑，而后来莺莺反悔并对他进行了咒骂，这一前一后的态度反差造成了极强的喜剧效果，令人捧腹。这便是《西厢记》中口语表达的魅力所在，而奚如谷和伊维德显然充分掌握了翻译口语的技巧。

奚如谷和伊维德对《西厢记》中的性暗示和与性相关的描写地位看得非常重，二人在导论中也对原作中关于性的暗示和隐喻进行了诸多论述，直言他们认为性暗示是《西厢记》一个重要的副主题。在第四本第一折中，张生和崔莺莺终于成其好事，王实甫对二人的性爱进行了细致大胆的描写，既委婉又直白，奚如谷和伊维德两位译者此处的翻译也颇为精彩。

原文	译文
[元和令]绣鞋儿刚半折，柳腰儿勾一搦。羞答答不肯把头抬，只将鸳枕捱，云鬟仿佛坠金钗，偏宜鬏髻儿歪。 [上马娇]我将这纽扣儿松，把缕带儿解，兰麝散幽斋。不良会把人禁害，咍，怎不肯回过脸儿来？ [胜葫芦]我这里软玉温香抱满怀，呀，阮肇到天台。春至人间花弄色，将柳腰款摆，花心轻拆，露滴牡丹开。 [幺篇]但蘸着些儿麻上来，鱼水得和谐。嫩蕊娇香蝶恣采。半推半就，又惊又爱，檀口揾香腮。 [后庭花]春罗元莹白，早见红香点嫩色，灯下偷睛觑，胸前着肉揣。	“Yuanhe ling” (Student sings:) Her embroidered shoes, barely half a span, Her willowy waist just fills a single armful; Bashful and embarrassed, she refuses to lift her head but keeps grasping the mandarin-duck pillow. Her cloudy coif seems to let slip its golden hairpins: How it suits her, the bun at her nape awry. “Shangma jiao” (Student sings:) I loosen the knotted buttons, Untie her silken waistwrap; Orchid musk spreads through my secluded study. O cruel one, you can really make me suffer. Ai, Why aren’t you willing to turn your face to me? “Sheng hulu” (Student sings:) Here to my breast I press her pliant jade and warm perfume— Ai, Ruan Zhao has reached Mount Tiantai. Spring has come to the realm of men, flowers sport their color! Gently she adjusts her willowy waist And lightly splits the flower’s heart: Dew drips; the peony opens. “Reprise” (Student sings:) I just wet the tip, and she becomes numb all oven: Fish and water find harmonious concord; From the lovely fragrance of the tender pistil the butterfly collects at will. “Houting hua” (Student sings:) Its spring silk was at first sparkling white, But now I see a red fragrance has sprinkled its tender color.

首先可以看到奚如谷和伊维德的合译本有一个区别于其他所有译本的特点，即对曲牌名的翻译。两位译者作为汉学家曾在研究论文中多次论述关于元杂剧曲牌的内容，所以在译本中自然选择了对曲牌的保留，并且全文均以汉语拼音音译。在对原文诗性的保留和传递上，两位译者选择了直译，即对原文中的意象直接进行翻译，而不是译出其背后的内涵，如“软玉温香”（pliant jade and warm perfume），译回汉语是“柔软的玉和温暖的香”，“花心”译作（flower’s hear，花的心），“露滴牡丹开”（Dew drips; the peony opens）。由此可见，两位译者首先要考虑的并不是读者的理解问题，而是对原文那种委婉、隐晦的情色描写的再现，这与其翻译目的是密切相关的。两位译者从一开始就言明自己的译本是为“学生和学者所作”，所以在结构和内容上都与原文尽可能一致。但是，译文中也不缺乏直白大胆的表达，如“但蘸着些儿麻上来”，两位译者译为“I wet the tip”，用了“wet”（湿）这一个词，而莺莺此时的表现为“she becomes numb all oven”（她感到全身酥麻），可以说是将情欲描写直接推向最为大胆露骨的地步。王实甫这一段张生和莺莺的亲热戏是其后来被称为“淫书”的主要“罪证”，而奚如谷和伊维德以现代学者的眼光显然对此说法不屑一顾，甚至认为这是莺莺作为妙龄女子正常的欲望需求，也是莺莺性格冲突和挣扎中重要的一面，所以翻译也是毫不留情、句句通透。

第七节　许渊冲:《西厢记》韵文本

许渊冲是中国著名的翻译家，无论是在学术界还是普通民众间都拥有极高的声望，不仅译著等身，作为译者本身，他的翻译思想、翻译文本等内容也是目前学界最热门的研究对象之一。

许渊冲的翻译经历持续时间长，译作涵盖范围广，并且在长时间的翻译实践中总结提出了自己的翻译方法和理论，被国内不少学者誉为“诗译英法第一人”。他1921年出生于江西南昌，有人说他与熊式一是叔侄关系，从小家学颇丰，熟读各类中国典籍。1938年进入西南联合大学外文系学习，从此走上了翻译的道路。1948年到法国巴黎大学留学习得法语，后可以同时进行英法、中英、中法互译。在其生涯之中，不仅译有《西厢记》《中国古诗词六百首》《唐诗一百五十首》等中国古代文学著作或选集，同时也将国外的作品如莫泊桑的《水上》、德莱顿的《埃及艳后》、普鲁斯特的《追忆似水年华》、罗曼·罗兰的《哥拉·布勒尼翁》等作品译成汉语，是一位专注于文学翻译的全能型译者。

许渊冲在国内影响力最大最广的当数其对各类中国古典诗歌的翻译。1994年，英国企鹅出版社出版许渊冲的中国古诗词集《不朽的诗》（三百首），在英、美、加、澳等国家和地区同时发行，这是企鹅出版社首次出版由中国人翻译的古典诗词。美国约翰·霍普金斯大学恩格曼教授说许渊冲翻译的唐诗是“他所见到的译得最美的中国诗”[①]。

此外，有一个极其值得关注的现象是国内对许渊冲的研究热情。在知网的主题搜索框中搜索“许渊冲”，可以得到1715条搜索结果（截至2020年2月），其中硕博论文也有429条结果，主要是以许渊冲的译者身份、翻译思想、翻译策略和译本研究等为研究视角展开的。同样作为知名翻译家，以“林纾”为关键词的硕博论文为164条结果，“傅雷”为61条，由此可见许渊冲在国内学界的受欢迎程度。究其原因，一是许渊冲在60余年的时间里翻译出版了大量译著，基本涵盖了中国古典文学，尤其是古典诗歌的经典内容；而同时由于古典文学翻译的难度和其他现实原因，除许之外基本没有译者能

① 许渊冲：《追忆似水年华——从西南联大到巴黎大学》，三联书店1996年版，第233页。

够长年累月投身于这样艰难的工作之中。年逾九十仍然笔耕不辍，许渊冲自然而然成了当代译著最多、最知名的翻译家。二是国家近十几年在民间大力推广中国传统文化，而许渊冲作为对外传播中国文学和文化的代表经常出现在公众面前，媒体上也常见关于其翻译作品的报道和宣传，因此许渊冲作为翻译家的个人影响力已经走出了学术界，走向了民间和大众，从而得到了广泛的认可，这是其他译者所不具备的时代机遇。所以，许渊冲既然被摆在学界和民间最耀眼的位置，得到中国研究者的青睐也实属正常。

一、许渊冲的翻译理论

许渊冲在长期的翻译实践中积累了大量经验，并且逐步提出了自己关于翻译的一些想法和思考。这些内容经由他个人理论化的处理以后，从 20 世纪 70 年代开始陆续在学术期刊上发表，经历了数十年的努力最终形成了一套相当完备的理论模型。

1984 年，许渊冲出版了《翻译的艺术》，书中明确提出了“三美论”，即“诗歌，尤其是格律体的诗词，我提出过，要尽可能传达原诗的意美、音美、形美”①。而这“三美”在排名上是有先后顺序的，对此他解释道：“这就说明在译诗时，传达原诗意美是最重要的，是第一位的；传达原诗音美是第二位的，传达原诗形美是第三位的，最好是‘三美’齐全，如果不能兼顾，就要从全局考虑取舍。”② 其实许渊冲的“三美论”并不是凭空提出的，这一理论对前人有着明显的借鉴意味。在此之前，接受度最广的翻译理论当数严复的“信、达、雅”理论，即要求译文要准确表达原文的意思，不随意增减原文，同时要通顺明白，最后要用词得体，译文风格要有文采。再如鲁迅在《汉文

① 许渊冲：《翻译的艺术》，五洲传播出版社 2006 年版，第 9-10 页。

② 同上。

学史纲要》中曾有过关于汉语言文字的观点："意美以感心，一也；音美以感耳，二也；形美以感目，三也。"这就是说好的汉语言必然是意美、音美和形美的统一。由此可见，许渊冲是对严复的翻译理论进行了进一步的阐释和拓展，同时结合了鲁迅对中国汉语言文学的论断，加之自己的翻译实践，最终形成了"三美论"。本研究主要以许渊冲的"三美论"来分析其《西厢记》英译本。

三美论中排第一的是意美。许渊冲在《翻译的艺术》中首先区分了"意似"和"意美"。他认为在某种程度上"意似"和"意美"是一致的，也就是说如果能在内容上较好地传达原文，那基本可以说做到了"意美"；但有时候"意似"却并不等于"意美"，尤其是原文的"意"受到历史文化语境制约的时候，那么在另一个时空如果只是做到"意似"，就无法达到"意美"的要求。另外也有一些"意美"的词汇，在英语中根本无法找到"意似"的表达，因为这种"意美"可能是由"音美"或"形美"造成的，这种时候就不能只做到"意似"，还要从其他层面追求"意美"。

关于中国古典诗词的翻译，许渊冲认为诗词必须讲韵律，所以诗词翻译中的"音美"格外重要，即"节调、押韵、顺口，听起来好听"。[①] 许渊冲强烈反对将诗歌翻译成自由体，不重音韵的做法，认为这样的译文不能称之为诗。他曾经说过："翻译唐诗，宁可继承翟理思诗体译文的传统，而不可采用韦利的散文译法。……既然写诗的作者愿意带着音韵的镣铐跳舞，译者有什么理由要丢掉这副镣铐呢？"[②] 所以许渊冲反对将古典诗词翻译成现代派的自由诗，而是追求诗词的格调和韵律。他的《西厢记》英译本就是其诗词翻译思想的最佳体现。

---

① 许渊冲：《翻译的艺术》，五洲传播出版社 2006 年版，第 55 页。

② 许渊冲：《汉英对照唐诗一百五十首》，陕西人民出版社 1984 年版，第 3 页。

二、独树一帜的韵文版译本

许渊冲的《西厢记》译本是目前最新的译本，于1992年由外文出版社首次出版，共翻译了四本十六折，止于“惊梦”；后于1997年由湖南人民出版社再版，将第五折补齐，共五本二十折。2000年此版本被“大中华文库项目”收录，以文学外译项目的形式统一向国外进行推广。《西厢记》许译本具有强烈的个人特色。在底本上，许渊冲坚持选择《金批西厢》；在语言上，将《西厢记》中的唱词全部翻译成了韵文，堪称韵文版《西厢记》英译本；在具体内容的翻译上，选择了以归化为主、异化为辅的翻译策略。

（一）底本选择：对《金批西厢》的推崇

20世纪50年代弘治本《西厢记》出世，成了目前为止最全面的《西厢记》版本。八九十年代的三位外国汉学家译者杜为廉、奚如谷和伊维德，也均选择了弘治本作为底本进行翻译。而许渊冲的译本虽然最新，但他与早期译者熊式一、亨利·哈特等人一样，依旧选择了在弘治本被发现前更加流行、影响力更早更深的《金批西厢》。

许渊冲在其2000年出版的《西厢记》英译本（*The Romance of the Western Bower*）的前言中论述了原因。他先是引用了明末清初的戏曲理论家李渔之言：“自有《西厢》以迄于今，四百余载，推《西厢》为填词第一者，不知几千万人，而能历指其所以为第一之故者，独出一金圣叹！”由此可见许渊冲对金圣叹的推崇。许渊冲在前言中详细介绍了金圣叹点评《西厢记》的成就，首先金圣叹把《西厢记》称作“天地妙文”，这一点与300年后诞生的莎士比亚的《罗密欧与朱丽叶》同样“妙”。许渊冲对金圣叹关于《西厢记》主题的分析表示十分认同，基本上对其点评进行了直接引用。后又从《西厢记》的结构谈到了笔法，金圣叹说：“子弟欲看《西厢记》，须教其看《国风》。”至此，许渊冲提出了《西厢记》与《国风》是继承和发展的关系，并以《关雎》为例对金圣叹提出的“雅驯”和“透脱”进行了解释，最后得出《西厢记》的主题是围绕爱情和家庭展开的这一结论，同时表示《西厢记》与莎士比亚戏剧在主题上具有相似性，但是在戏剧具体的处理手法上则有显著不同，如“解决矛盾，东方用的是文化，西方用的是暴力。……《西厢记》的曲折多是内心的，莎剧却多是外界的”[①]。继而表示莎剧在西方已经广为人知，但《西厢记》却鲜有人知，直到1935年才有了熊式一的第一个译本。同时他对后续产生的其他译本做了简单点评，主要指出之前的其他译者均以散体翻译《西厢记》，而他自己选择使用韵文来翻译唱词，使用散体来翻译说白，这一点也与莎士比亚戏剧中“抒情多用诗体，叙事多用散体”有相似之处。

《金批西厢》自问世便如石破天惊，统治“西厢”百余年，其对国内中国古典文学研究界的影响不言而喻。然而自从刻于弘治年间的《新刊奇妙全相注释西厢记》于20世纪50年代被发现，成为现存最早的《西厢记》全本，并经过不少学者的讨论研究后将其看作《西厢记》善本之一，在中华人民共和国成立初期被郑振铎编进《古本戏曲丛刊》进行出版，应当是现存最权威的版本。自此以后，外国译者均以弘治本为底本对《西厢记》进行翻译，然而90年代许渊冲仍旧选择了《金批西厢》作为底本进行翻译。究其原因，应当是《金批西厢》在国内学界的影响过于深远，在很长一段时间里金圣叹所点评的《西厢记》都是最有威望的版本，许多学者和译者在求学时期都深受影响。许渊冲自然也是如此，所以后来翻译《西厢记》仍旧表现出对《金批西厢》的推崇与偏爱。其中有一个问题值得注意，弘治本被发现以后，不仅没有受到国内译者的重视，同样有关方面也没有将其列入出版计划进行对外

---

① 许渊冲：*The Romance of the Western Bower*，湖南人民出版社2000年版，第10页。

传播。例如21世纪的“大中华文库”系列图书，仍旧选用了以《金批西厢》为底本的许渊冲译本，反而是国外译者更重视新的、更加全面和权威的底本，这一问题是值得反思的。

（二）韵文版译文

许渊冲的《西厢记》英译本是韵文版，即唱词都以韵文的形式呈现，宾白则以散体进行翻译。这样完整的韵文版在《西厢记》的英译史上是独树一帜的，也是其“三美论”的重要体现。故在此摘选几例进行分析。

原文	许译
曾经消瘦， 每遍尤闲， 这番最陡。 何处忘忧， 独上妆楼。 手卷珠帘上玉钩， 空目断山明水秀， 苍烟迷树， 衰草连天， 野渡横舟。	When previously I pined with grief, I used to find relief. This time it's seized on me. Where could I be carefree? Alone I mount to my boudoir and look, Roll up and hang the curtain on its hook. In vain on hills and rills I gaze; Green trees are veiled in haze. Withered grass blends into the skies; A lonely boat along the ferry lies.

此处是第五本第一折，莺莺在张生走后，因为过度思念他而“人比黄花瘦”，平时穿着的衣服都不合身了。此处描写了莺莺平时独身一人的日常活动，以一系列的意象叠加，如“苍烟”“衰草”“横舟”等来烘托其伤感。此处许译本的译文简洁，押韵自然而然，和原文基本对应，在“音美”“意美”“形美”三者之间进行了比较完美的统一，是译者的神来之笔。但在《西厢记》的唱词翻译中，并不是任何诗句都可以达到“三美”的，为了强调某一美而影响另一美的传达也是非常常见的。例如：

原文	译文
碧云天， 黄花地， 西风紧， 北雁南飞。 晓来谁染霜林醉？ 总是离人泪！	With clouds the sky turns gray, O'er yellow-blossom-paved away. How bitter blows the western breeze! From north to south fly the wild geese. Whey like-wine flushed face is frosted forest red? It's dyed in tears the parting lovers shed.

这是第四本第三折中莺莺的一段唱词，此时张生要离开莺莺赴京参加科举考试，唱词将莺莺面对离别时的伤感和不舍体现得淋漓尽致。原文一共六句，许渊冲的译本两两押韵，分别以“gray，away”“breeze，geese”“red，shed”押尾韵，读来具备类似于中国古典诗词的韵律感。从中我们可以看出，许译本对“形美”的追求主要体现在押韵上，尤其是“北雁南飞”中的“雁”，为了与前一句的“breeze”押韵，译者选用了“geese”（鹅）来翻译，舍弃了对原文意象的忠实，而是选择了形式上的统一。

由此可以看出，许渊冲在其“三美论”的支持下，在《西厢记》的翻译中对“意美”“音美”“形美”都进行了比较有效的再现，然而当三者无法平衡或者同时实现时，则常会根据语境进行选择。但在《西厢记》唱词的翻译上，许渊冲显然更加强调其韵文在形式上的整体统一，有时“因韵损意”也是无奈之举。

通过对《西厢记》的七个主要译本进行整体性分析，根据不同译本所处的时代和文化语境，结合译者的教育经历等身份信息，以及每个译本的特殊之处，可以观察到不同译本之间在底本选择，译者的翻译思想、翻译策略之间存在着巨大的差异性。综上，可以得出以下几个重要的结论。

首先，从《西厢记》的英译中可以看出底本选择是戏曲典籍翻译中一个既独特又重要的问题。任何文学翻译活动都是以某一源语文本为基础来进行的，当源语文本存在多个版本的时候，版本问题的重要性就更加凸显。不同版本之间的差异对译本的影响是非常显著的，《西厢记》就是一个典型的例子。《西厢记》的刊本数量是中国戏曲之最，现存刊本中影响力较大的也有数个，不同的刊本不仅在语言上有所不同，在内容和体例上也有区别。此外，因为历史久远和保存手段等原因，某一本戏曲典籍往往存在着不同的版本，那么译者根据自己的文学品位和翻译目的选择恰当的版本也就自然而然了。当然，某一版本在源语文学中成为经典或权威之后，自然就会成为底本的最佳选择。

其次，从不同译者翻译《西厢记》的过程和结果可以看出，在戏曲典籍翻译过程中文化信息的失落与歪曲几乎是必然现象。从根本上来说，在翻译中传递文化信息其实就是考察译者如何处理译文形式与内容之间的关系。无论是熊式一的归化和异化相结合，还是许渊冲归化为主的翻译策略，都是在这两者之中选择其一，即使是杜为廉、奚如谷和伊维德等学者型译者，既原原本本地传达了原文的字面意思，又以注释的形式对其深层含义做出解释，也是以译本的可读性和流畅性作为代价的。由此，戏曲典籍的翻译对译者提出了更高的要求，即不断提高译者的翻译水平，才有可能在这两者之间实现最佳的平衡。此外，随着中外文化交流的增加和深入，西方对中国的了解也逐渐加深。其实在翻译文学作品的过程中，有时候将全部内涵译出并不必要，许多读者对中国文化已经有了一定的认识，因而无须将所有文化信息都拆开解剖再摆在读者面前。对于读者而言，阅读翻译作品中的异域感也是阅读体验重要的一环，译者的过度处理反而会对作品的文学性有所损伤。

最后，正确看待《西厢记》英译中的误译现象。无论是中国文学外译还是外国文学汉译，历史上的误译现象都比比皆是。面对这些已有的误译现象，与单纯的指责译者的粗心大意相比，显然有更重要的任务，即考察误译现象背后的真正原因，并且对其比较文学的研究价值进行分析。不可否认，有一类误译是源于译者的外语水平或者翻译时的疏忽，这一类基本没有什么研究价值；还有一类误译体现了源语国与译语国之间文化方面的关系。鉴于语言是文化的载体，翻译活动中产生的误译必然是一种文化现象，体现了一种语言对另一种语言的误读和误释，具有一定的研究价值。

第四章 《西厢记》中的文化负载词

翻译的本质是一种跨文化交际，是输入文化和输出文化的双向交流。中山（Nakayama）和哈鲁拉尼（Halualani）指出在跨文化交际中应遵循三个平等原则："第一个是语言平等原则，在跨文化交际中不应该有语言歧视；第二个是文化平等原则，任何人都有权使用自己的语言和文化；第三个是信息交流平等原则，任何人都有权表达观点和信息。"① 由此可见，不同文化之间的交流应当是平等的。但在实际的文化交流过程中，由于不同国家的综合国力、国家政策、世界地位等因素的影响，文化交流通常是不平等的。

《西厢记》的翻译过程简单来看虽然是语言层面的转换，但其本质是跨文化交流，语言转换只是实现文化交流的手段。现阶段，中国在和西方进行文化交流的过程中，显然还处于比较弱势的地位，欧美各国仍旧牢牢把控着世界文化交流的主导权，甚至存在着其他国家对中国文化不感兴趣、拒绝接触的局面，这一点可以通过许多中国现当代作家的作品在海外遇冷的现象观察到。所以，研究如何在翻译过程中将文化这一信息处理好，并成功地在跨文化交流过程中传递给英语读者，就成了极其现实的问题。本章的目标是探讨文化负载词这一在《西厢记》中非常明显的语言特征，不同的译者是如何做出取舍和最终处理的，最后试图总结在中国戏曲外译中如何才能真正弘扬中国传统文化。

---

① Nakayama, T. K. & R. T. Halualani. *The Handbook of Critical Intercultural Communication*. New Jersey: Wiley-Blackwell, 2011, pp.248-270.

第一节 文化负载词

语言是文化的载体，一个国家和民族的语言能够体现出其独特的物质文化、社会文化、制度文化、宗教文化等等。文化意象是戏曲文化内涵的主要载体，并且以多种形式存在于戏曲文本之中，它可以是一个成语、一则典故，也可以是一个神话故事或者传说中的神兽仙草，甚至可以只是某个数字，这些文化意象的背后都蕴含着丰富的文化信息。但是，文化意象这个词却不能概括文学翻译中的所有文化信息，所以有了一个新的概念——文化负载词。

许国璋最早在《文化负载词和英语教学》（*Culturally Loaded Words and English Language Teaching*）一文中提出了“文化负载词”这一概念。廖七一认为：“文化负载词（culture-loaded terms）是指标志某种文化特有事物的词、词组和习语。这些词汇反映了特定民族在漫长的历史进程中逐渐积累的、有别于其他民族的、独特的活动方式。”[①] 孙致礼认为：“翻译的实质就是文化信息的传递，并将‘culture-loaded word’称为‘具有丰富文化内涵的词语’，也就是富含浓郁文化特色的词汇，这些词汇大多出现在成语、谚语、俚语、方言中。”[②] 在这些论述的基础上，我们可以总结出文化负载词就是翻译文学中，能够体现一个国家和民族文化的相关词汇和表达。

文化负载词是考察翻译文学中文化传递的重要元素，对译者如何从细微

① 廖七一：《当代西方翻译理论探索》，译林出版社 2000 年版，第 232 页。

② 孙致礼：《新编英汉翻译教程（第 2 版）》，上海外语教育出版社 2013 年版，第 104 页。

之处把握中外文化交流是重中之重。同时，文化负载词在微观层面体现了中国戏曲英译之难。困难主要体现在：一是从中国古文到现代汉语的语内理解和翻译；二是由中西方文化差异造成的各种类型词汇和表达意义的空缺。第一难是因为戏曲典籍用古汉语撰写，其中除了部分对白口语性较强而简单易懂以外，宾白和唱词都和现代汉语有相当大的距离，无论是中国还是外国的译者，首先要处理的都是古代语言到现代语言的转换。第二难是在中国传统文化中，从称谓到地名，从民间到官场，从神话传说到历史人物，这些领域所存在的相关表达在英语文化中几乎难以找到相对应的说法，同时由于其内蕴的文化含义，又无法通过简单的一两个单词翻译出来，于是产生了最主要的翻译困难。《西厢记》中存有极其多样的文化信息，这些文化信息涉及当时社会生活的方方面面，以文化负载词的形式呈现出来，也成了摆在译者面前的重大挑战。

那么译者应该如何应对在文学翻译过程中遇到的文化负载词呢？彼特·纽马克（Peter Newmark）认为译者有三种选择：①保留源语文化。②转换成译语文化。③选择一种中间的表达方式。英国翻译理论家苏珊·巴斯奈特（Susan Bassnett）提出了文化功能对等说，她认为翻译不是纯粹的语言行为，而是文化之间的交流，翻译对等的关键在于译文读者在译语文化中所获得的效果与源语读者在源语文化中获得的效果对等。两人的观点有异曲同工之妙，并就翻译中文化信息的处理提出了较为明确的解决方法，即：如果译入语和译出语文化存在相同或相似，那就可以直接将原文转换成译文；如果文化差异性较大或存在冲突，那就应当适度考虑译语对象的接收效果，将原文语言的文化功能转移到译语文化中，从而达到功能对等的目的。所以，本章的内容也主要考量译者在处理《西厢记》文化负载词时是否成功进行了这种文化功能的转换。

元杂剧是元代成就最高的文化艺术形式，代表了当时独特的社会文化，同时也以语言的形式记录了当时的民间生活和风土人情。《西厢记》中的语言，不仅具备元杂剧的时代特征，更包含了很多独特的文化信息。彼特·纽马克将文化分为五类，分别为：生态（ecology），物质文化（material culture），社会文化 (social culture)，群体、风俗文化（organizations, custom culture），肢体语言与习惯（gestures and habits）。本章根据对《西厢记》所含文化负载词的统计，将其合理分类为语言文化、社会文化、宗教文化、物质文化和生态文化五类，分析比较了不同译者对各类文化信息的翻译策略，最后对《西厢记》文化负载词翻译的过程做出规律性总结并指出其现有不足，以期能够为未来更多译介提供借鉴。

第二节　文化负载词在《西厢记》中的具体表现

一、语言文化负载词

语言文化词汇是《西厢记》中出现频率最高、组成最复杂的一种类型，主要有四字词（包括成语）、名词当量词等。汉语是表意型文字，许多词语和表达都不限于字面的意思，而是含有丰富的内涵。从形式上来看，也具有纷繁复杂的语言形式，在对外翻译中是极难处理的一类，想要做到词义和形式同时对应，更是难上加难，所以需要结合实际对语言文化词汇进行客观分析。

修辞与一个民族的文化有着深切的关联，与民族的心理特征、哲学思想、思维习惯、审美观点等要素有着密切的联系，能够直观反映这一民族的各种文化成就。从古至今，中国人内心深处一直都有一个统一的民族心理，即和谐。尤其是中国传统文化儒家文化，更讲究“和谐”。从《礼记·礼运》云“父子笃，兄弟睦，夫妇和，家之肥也”，到今天“构建社会主义和谐社会”政治口号的提出，可以说“和谐”两个字已深植于中国人民的脑海之中。在这样的民族心理的影响下，汉语言特别注重结构上的平衡、对称和协调。反映在修辞手段上，就是诸如对偶、回环、排比等修辞格，如“日出江花红胜火，春来江水绿如蓝”这样完整对偶的诗句，内容相对，平仄相谐，读起来声声悦耳，看起来工整协调，充分体现了汉民族和谐的内在心理。汉语中的修辞是锤词炼句的手段，文章的作者可以通过对修辞格的灵活运用来雕琢文字，从而达到更好地传递思想内容的目的。

《西厢记》的作者王实甫通过对修辞的灵活使用，大大增强了语言的丰富性，以“雅俗共赏”的语言风格流传于世，既可以被文人士大夫、闺阁小姐等阶层接受，又可以为贩夫走卒等市民阶层所理解；同时，他对人物形象的塑造也十分成功，如通过张生引用儒家经典来描绘其读书人形象，红娘的语言上使用对照的修辞，与其他人的表现相对比突出其泼辣勇敢的形象等。经过不同修辞格处理的文字复杂性大大增加，其中所蕴含的文化信息或被隐藏，或被修饰，而译者在翻译过程中如何处理这些修辞自然就成了本研究关注的重点之一。

（一）比喻

《西厢记》的语言之美在很大程度上得益于作者对修辞手段的运用，而翻译的任务则是尽可能地将这种和谐的语言美感进行转换和体现。《西厢记》中的比喻是最重要的修辞之一，有明喻、暗喻、借喻等。王实甫通过比喻的手法将人世间所发生的事情与大自然或者其他事物相关联，达到了一种自然巧妙的语言美感，成功将陌生事物熟悉化、深奥道理浅显化。

观察《西厢记》的比喻修辞，可以发现其中既存在着中西方文化共通的一面，即中西文化都曾以此作比的情况，在这种情况下可以直接译出；又存在着中国文化独有的一些表达，其中甚至有部分事物或意象是西方文化体系之外的，在这种情况下不同的译者有不同的处理。

明喻是本体和喻体同时在一个句子中出现，中间以喻词相连的修辞格，将一种事物比作另一种事物。英语中明喻（simile）主要以 as 和 like 作喻词，《西厢记》中的喻词多为“似”“如”“般”等。采用明喻修辞的句子如：

例 1：“归舟紧不紧如何见？却便似弩箭乍离弦。”（第一本第一折）

哈特译	赖译
How can one judge of how fast or how slow Yonder boat is impelled by its strength? As well try to measure the arrow's flight When once it has sped from the bow.	It drinks from a hundred streams to the north and south on its relentless march to the sea with not so much as a backward glance at the homecoming boats rippling against it like leaden arrows.

例 2：“我只见头似雪，鬓如霜，面如少年（童）得内养。”（第一本第二折）

赖译	许译	熊译
How extraordinary the snow of his hair and the absence of years in his face! How dignified his bearing!	I see before me one with snowy head, And hair like frost and face like one whose youth inbred.	I see before me one whose head is like snow, His locks like frost, And whose appearance is like that of a youth, owing to his knowing the secret of how to preserve his health.

例 3：“我将你做心肝儿般看待，玷污了小姐清白。”（第四本第一折）

杜译	许译
Loving you as my own very heart, I've now sullied your fair purity, mistress consummate.	With heart and soul I've loved you deep, For you I have forgot to eat and sleep. Had I not borne this with sincerity, How could I win your virgin purity?

例 1 是张生行至黄河边，面对滔滔江水，对眼前画面的描绘和感受，“归舟”是顺流而下的船，“紧不紧”中“不”为衬字，所以意为紧。后面用离弦的箭来比喻船速极快，表达了张生面对此情此景胸中的激荡之情。哈特和赖恬昌分别选用了“sped from the bow”“leaden arrows”来翻译离弦的箭这一意象。例 2 是张生见到方丈的一段唱词，“头似雪”“鬓如霜”用来讲方丈的年龄，“如少年（童）得内养”则用来形容方丈不争名利超脱尘外的气质。

《庄子》:“鲁有单豹者，岩居而水饮，不与民共利，行年七十而犹有婴儿之色；不幸遇饿虎，饿虎杀而食之。……豹养其内而虎食其外。”三位译者都使用直译的策略分别将其中的“头似雪”比喻译为“snow of his hair”“snowy head”“head is like snow”。例3中的“心肝儿”译者也经常简单直译为“heart”，许渊冲增加了“soul”的额外信息用来突出张生对莺莺的珍视。这三个例子都使用了修辞中较为简单明显的明喻，同时也是中西方文化有共同之处的体现，在英语文化中也有类似“离弦的箭”、“鬓如霜”、将心爱女子比喻成自己身上某个器官的文学内容，所以译者处理起来相对简单，大多数译者均选用了直译的手法将意象原模原样地译出，以便顺利传达其中的文化内涵。

但有些比喻中的喻体带有较强的中国传统文化内涵，对于英语读者来说是非常陌生的。面对这样的修辞，译者需要特殊对待。如：

例4:“呸！你是个银样镴枪头。”（第四本第二折）

熊译	杜译	S&W 译[①]	许译
And as a spear-head that looks like silver but is really wax!	You are a feeble silver-patlerned pewter-headed spear!	Bah, you're just a pewter spear that looks like silver.	You look like a silver sp-earhead，But in fact it is made of lead.

“银样镴枪头”已成为中国古典文学中最著名的比喻之一。以镴（铅锡合金，视觉上明晃晃似银）做成枪头，比喻一个人中看不中用。《西厢记》第四本第二折中红娘怒骂张生没用，以此作比。而这一比喻在《红楼梦》中的出现可以说将其推到了经典的地位，书中宝玉见到黛玉读书读得出神，于是和她开玩笑说:“我就是个多愁多病的身，你就是那倾国倾城的貌。”黛玉假生气要找大家长告状，宝玉立刻告饶，此时黛玉说他:“呸，原来是苗而不秀，是个银样镴枪头。”即引用了《西厢记》中此句，仅将次序前后略作调整。这里的引用不仅说明了《西厢记》作为张生和崔莺莺经典爱情故事在清朝的流

① 奚如谷和伊维德的简写，下文同。

传，更说明了此比喻的恰到好处。四个译本不约而同将“枪头”这一意象直译为“spear head”，因为在西方文化中中世纪的骑士也持枪作战，所以文化上存在着共通之处；而对“镴”字，杜为廉、奚如谷和伊维德（列表中简称为“S&W”）使用了“pewter”一词，在英文中指“白镴”，是非常准确的译法，体现了二者作为学者型译者代表对原文的理解是比较准确的。而杜为廉同时在脚注中将“镴枪头”解释为“useless, good-for-nothing”，对其内涵进行了进一步解释。许渊冲将“镴”译为“lead”（铅），而熊式一直接译为“wax”，将此“镴”和彼“蜡”混淆，可以说存在不同程度上的误译。从这一角度来看，翻译《西厢记》中的文化信息，并不一定是中国译者的优势更大。在学术研究比较成熟、信息丰富的时代，外国译者在翻译中国古典文学上也大有可为，甚至有超越中国译者的可能。

（二）叠字

叠字是将相同的字排列使用在一起的修辞手法。使用叠字可以增加文章的声音美，让文章立体化，阅读起来声声入耳，语言也更加形象生动。在中国古典诗词中，叠字的使用有着很高的美学价值，是文章内容、意义和音韵达到完美统一的重要形式。清代戏曲评论家梁廷楠注意到元杂剧善用叠字，在《曲话》中说：“元曲迭字多新异者，今摘录之：响叮叮、冷清清、黑喽喽、虚飘飘、各刺刺、扑腾腾、宽绰绰、笑呷呷、香馥馥、闹吵吵、轻丝丝、碧茸茸、暖溶溶……”他总共摘录了元杂剧中205个叠词，由此可见当时叠词的丰富程度。

虽然英语中有元音、辅音重叠而成的单词或词汇，但与汉语的叠字截然不同。作诗时灵活运用叠字已经是一件难事，而翻译叠字更是难上加难。“不言而喻，治译叠字，其难更甚。”[①] 研究《西厢记》中叠字的翻译，可以看出叠

① 奚永吉：《文学翻译比较美学》，湖北教育出版社2001年版，第1005页。

字是语言形式上最难操控和传达的一类表达，由此而产生了原文的“不可译性”，所以译者在翻译过程中必然会形成无法还原的语言形式，而如何补偿文中由叠字产生的音美和形美这一缺失的美学效果才应当是关注的重点。如何通过其他手段在译文中对翻译中消失的美学体验进行一定程度的补偿，才是译者更应考虑的问题。

《西厢记》中的叠字使用极其丰富，构成的主要形式有ABB，AABB，AAB和AA四类。在此挑选比较有代表性的叠字译法加以分析。

文中将叠字使用堪称出神入化的一段为：

例1：“绿依依墙高柳半遮，

静悄悄门掩清秋夜。

疏剌剌林梢落叶风，

昏惨惨云际穿窗月。

颤巍巍竹影走龙蛇，

虚飘飘庄周梦蝴蝶。

絮叨叨促织儿无休歇，

韵悠悠砧声儿不断绝。

痛煞煞伤别，

急剪剪好梦儿应难舍。

冷清清的咨嗟，

娇滴滴玉人儿何处也！”（第四本第四折）

熊译：

Green indeed are the willows which half conceal the high wall.

Profound is the silence of this beautiful autumn night outside the door.

Gentle is the breeze which makes the leaves fall from the branches of the trees.

Melancholy are the rays of the moon in the clouds as they pass through the window.

Tremulously, like the wriggling of dragons and snakes, move the shadows of the bamboos.

I am transported into space like the philosopher Chuang when he dreamt that he was a butterfly.

Incessant is the chirping of the cricket.

Never-ending is the distant sound of the beating on the washing- stone.

Painful indeed are the sorrows of separation.

Full of agitation, it was only natural that I wished to cling to my dream.

Left entirely alone, I sadly sigh.

Oh, where now is my charming and precious beauty?

S&W 译:

Green, so green , the wall is high, the willows are half-hidden;

Still, so still, the gate is closed, the night is clear autumn.

Sparse, so sparse, on tips of the forest trees, winds that fell the leaves;

Dark, so dark, at the edge of clouds, a moon that penetrates the window.

What startled me awake were quivering bamboo shadows: dragons and snakes set loose;

A flutteringly empty Zhuang Zhou: a dream of butterflies.

Thrumming, humming, the urge of weaving never rests;

Sounding, resounding, the sound of fulling blocks never breaks off.

Painful, sensitive, the wound of parting;

Vexing, guiling, such a fine dream was hard to give up.

Chilling, chilling, cold moans:

That lovely and dainty jade person--where is she now?

许译：

The wall half hidden by the green, green willow flees,
The door is closed on silent, silent autumn night.
Sparse leaves fall from from branches in gentle, gentle breeze,
My window seeped in gloomy, gloomy cloud-veiled moonlight.
The bamboo's shadow shivers, shivers like wriggling snake;
My fancy wafts and wafts like a dreaming butterfly.
The cricket chirps and chirps all the night long awake;
The washerwomen's pounding spreads, spreads far and nigh.
Acute, acute my grief at heart;
Painful and painful from my dream to be torn apart!
Lonely, lonely I sigh: O where,
O where is now my charming, charming lady fair?

这一段可以认为是集中体现《西厢记》韵律美的唱词，描写了张生启程赶考在草桥过夜，于梦中惊醒，听到了风过竹动、蟋蟀长鸣，远处传来女子河边捣衣之声的情景。此时的张生产生了对莺莺急切的思念，从而有种心急、心痛的感受。作者通过对叠字的使用，使这段唱词的节奏感极强，其中哀怨忧愁的情感也得到了强调。前文说过英汉语叠字的差异较大，所以很难使用英文叠字来重现原文的艺术效果。综观译文，熊式一将原文意象基本译出；而在翻译中历来重视形式美的许渊冲押了尾韵，读起来倒也颇有一番朗朗上口的感觉；奚如谷和伊维德则先通过“green，so green”和后续三个类似句型组成了排比，后又连续四个“-ing”结构组成另一组排比，对原文的形式有比较好的补偿，同时对其中典故的解释也有顾及，对“庄周”“促织”“砧”进行了解释。从熊式一、奚如谷和伊维德的译文可以看出他们无法统一形式和内容的时候，不约而同地选择了对原文的情境、意象的还原，对原文中张生孤身一人思念远方莺莺的情状描写比较到位，尤其最后都似原文以问题结束，更能凸显出张生的不舍。

（三）引用

引用是指在文章中用别人作品中的话，如诗词、格言、成语等，从而表达自己的思想和感情。引用可以使文章在语言上更加精练简洁，形成一种含蓄的风格，同时也可以增强所言的说服力，对人物形象的塑造有重要的作用。《西厢记》中王实甫对历代诗词、典籍、俗语进行了大量的引用，在塑造张生、莺莺、红娘等人物的形象时起到了重要的作用，同时对中国传统文化的内在阐释也具有一定的意义。

例1："暗想小生萤窗雪案，刮垢磨光，学成满腹文章，尚在湖海飘零，何日得遂大志呵！"（第一本第一折）

哈特译	威尔斯译	杜译
I thought to myself that though I had studied by the light of the fire-fly and the reflection of the snow in order to acquire a deep knowledge of literature, I am still a wanderer by lake and sea, and do not yet know when I shall be able to fulfill my great ambition.	Long have I bent over the classic pages Lit by fireflies or the moonlight snow. I wander still by river and like, not knowing, When I may realize my high ambitions.	Yes, just think how I've been studying: Like the paragons of old, with "fireflies to light my window" and "snow to lantern my desk", never letting up, "burnishing and polishing my knowledge", and cramming myself with culture, ... And yet here I am, still drifting shifting around the country's backwaters. Wonder when I'll ever achieve the great career in government that I've set my heart on!

这是张生在第一折出场时的念白，这几句使用了典故和成语对张生不得志的抱怨进行了刻画。其中"萤窗"取自晋朝车胤的勤学故事，《晋书·车胤传》："胤恭勤不倦，博学多通，家贫不常得油，夏月则练囊盛数十萤火以照书，以夜继日焉。""雪案"源自晋人孙康，同样是勤学，清张英《渊鉴类函》卷二〇二："孙康家贫，无油，尝映雪读书。"《尚友录》卷四："孙康，晋京兆人，性敏好学，家贫无油，于冬月尝映雪读书。"这两个典故都被张生用来自比勤奋苦学。成语"刮垢磨光"出自韩愈的《进学解》："爬罗剔抉，刮垢磨

光。”指刮去污垢，露出光亮，比喻通过磨砺使人品格高尚。

这短短几句自白中蕴含的中国传统文化信息量甚大，所以如何在译文中将其传达出来是译者的重要任务。从以上三版译文可以看出，译者基本都翻译出了原文的含义，哈特通过增译的方式对“萤窗”和“雪案”进行了解释性翻译，增加了“light”和“reflect”，所以即使是西方读者也可以知道这里的萤火虫和雪的作用；但是“刮垢磨光”这个成语却完全省略，没有进行翻译。威尔斯的译本是由哈特译本改译的，内容上自然继承了哈特的翻译，但字数删减了较多，作为舞台剧本来说是比较方便演员诵读的。杜为廉的译文使用了三组引号，表明了其典故的身份，并且同样以脚注作为解释；同时杜译本对语言环境的把握也非常熟练，增加了原文中没有的主语“I”，这几句张生的念白在杜为廉的笔下颇有戏剧自白的味道。

例 2：“杨柳眉颦，人比黄花瘦。”（第五本第一折）

杜译	S&W 译	许译
Knit are my weeping-willow eyebrows, And “I’m gaunter than the chrysanthemums!”	You frown over your willow-thin waist; You’re thinner than a chrysanthemum.	My eyebrows knits like willow leaves; Slimmer than golden flower my face appears.

此句有两处引用，“杨柳眉”出自白居易的《长恨歌》:“芙蓉如面柳如眉，对此如何不泪垂。”中国古时常以柳比女子的眉毛；后句“人比黄花瘦”出自李清照的《醉花阴》词:“莫道不消魂，帘卷西风，人比黄花瘦。”此处引用是莺莺用来形容自己因为思念张生而每日皱眉，日渐消瘦的样子。对于“杨柳眉”，三位译者都使用了“willow”来表达，并未将“杨”和“柳”分开翻译，体现了对中国古典文学的熟悉。奚如谷和伊维德译文中增添了“thin”一词来凸显杨柳是形容女子细眉。“黄花”在原文中指菊花，两位译者采用了“chrysanthemum”（菊花）一词直接译出，而没有增添“黄”相关的意象，想来与菊花多为黄色有关，不需要再增加信息；而许渊冲则译为“golden flower”（金黄色的花），难以让人产生“瘦”的联想，或许会产生疑惑；但

就诗词来看，许译本的尾韵在形式上最为相近。另外对于“瘦”，三位译者选择了三个不同的英文单词来表达：“gaunt”“thin”“slim”。其中“thin”是形容一个人身材瘦的最常见的形容词，用来表示身材瘦、单薄；“slim”则更偏重于形容某人身材的苗条、纤细；而“gaunt”则是瘦削的，带有憔悴的情感含义，杜为廉选用 gaunt 一词体现了他在翻译过程中对字词精确表达的追求和水准。

例 3：“长者赐，少者不敢辞。”（第二本第三折）

熊译	哈特译	威尔斯译	S&W 译	杜译
How could I presume to refuse that which my elder bestows to me!	If you offer, I dare not refuse.	How can I decline to drink a cup Afforded by my elder?	“When an elder bestows something, a junior dares not beg off?”	As *Rites record* tells us: “When an elder bestows, a young person can't very well decline!”

这句话源于《礼记·曲礼》“长者赐，少者贱者不敢辞”，是说对年长者的赐予，年少者或卑贱者不能推辞，而应该接受。这是张生在接受崔夫人赐酒时的回应，此处引用儒家经典《礼记》有助于塑造张生的书生形象。哈特的译文比较简单，轻描淡写地表现了张生谦虚的性格特点，但没有体现引用；熊译本和威尔斯译本都具有很强的口语性，以疑问词“how”开头的感叹句都可以表现张生受宠若惊的状态，也比较符合语境；杜为廉、奚如谷和伊维德译本以引号标明为引用，完整地译出了全句意思，表意更加精确。由此可以看出，在处理原文对经典的引用方面，三位学者型的译者出于本身的学术背景和翻译目的，译文更加准确；而熊式一和威尔斯也同样体现了与译者身份和特点相关的，即二者的译文口语性更强，更适用于演员表演。

例 4：“别人行甜言美语三冬暖，我跟前恶语伤人六月寒。”（第三本第二折）

杜译	S&W 译	许译
Yes, to others, she talks so sweet and pretty, Like deep-winter warmth, But to me speaks so nasty hurtful, Like winter in July, so chilly.	Toward others- honeyed words and comely language, warmth in the deepest winter; Toward me- filthy language that hurts, a chill in midsummer.	Your honeyed words would make him warm in winter's height; E'en in mid-summer your disfavor would make me cold.

该句同时采用了两种修辞手法，形式上对偶特征明显，上下句中“别人行”和“我跟前”相对使用，同时“暖”和“寒”押韵。引用了当时的俗语“良言一句三冬暖，恶语伤人六月寒”（出自《增广贤文》）。红娘通过这两句话的前后对比讥讽莺莺把她和张生区别对待，对张生仿佛冬日的阳光般使人感到温暖，对她则即使是六月也令人感到寒冷。三位译者均没有指出此处为民间俗语的引用，而是直接将原文译出。杜为廉和 S&W 分别选择了“nasty”“filthy”两个词来表示“恶语”的“恶”，都是比较现代的对“肮脏、恶劣、污秽”意思的表达，非常具备口语性，也极好地传达了红娘对莺莺的嘲讽；两位译者在形式上分别以“like...like...”和“toward...toward...”为两句开头，对此句的对偶也进行了较好的观照。许渊冲此处用了“you”“him”“me”三个人称代词，似乎对“甜言美语”和“恶语伤人”的对象略有混乱之感。

二、社会文化负载词

《西厢记》不仅语言文化信息丰富，更是包含了元代社会自上而下丰富社会文化的“镜子”，文中丰富的社会文化信息，如科举、官场、地名、称谓、典故等内容都可以让读者更好地了解戏曲中故事发生的背景和环境。译者在处理此类信息时，依旧需要根据中西方文化中共通点和冲突点做出不同选择，而此时中西方译者的翻译风格和习惯则体现出了更大的差异。

（一）人名

人名是一部翻译作品中出现频率最高的词汇，也是跨文化交际中最常见的翻译单位。汉语是表意语言，人名通常也具备除了指称以外的其他含义，所以人名的翻译对译文的整体质量和整个文化信息的传达都具有重要的作用。《西厢记》中的主要角色有张生、崔莺莺、红娘和崔夫人等。其中张生主要被译为“student Zhang”“scholar Zhang”等表达，比较简单。而莺莺和红娘的名字的译法则更加多样，不仅体现了译者个人文学和审美的取向，同时也反映出一定的时代特色。

《西厢记》的女主人公崔莺莺，这一名字可说是承载了其创作者的初衷和对其形象的大致定位：既拥有超凡绝尘的美貌，又拥有活泼动人的性格。莺是一种鸟，体型娇小，叫声清脆，“莺莺”二字本身就带有一种声音上的感受，无论是读者还是观众都能感受到这一名字背后的情感内涵。在翻译中，这一审美文化信息的传达也成了译文风格的重要体现。下表列出了《西厢记》主要译本对“莺莺”这一姓名的翻译。

熊译	哈特译	威尔斯译	赖译	杜译	S&W 译	许译
YING-YING	YING YING	YING YING	Little Nightingale	Oriolette	Oriole	Yingying

可以明显发现，“莺莺”被翻译的过程具有阶段性。20 世纪 30 年代的两位译者不约而同地将其直接音译，优点是保留了“ying ying”的发音，读起来仍旧具有婉转动听的效果；威尔斯是由哈特译本改译的，所以自然也延续了其“YING YING”的译法。后期，即从 70 年代起的译者基本上都将“莺莺”的名字进行了意译，将“莺”字的本义译出。其中赖恬昌的译法“Little Nightingale”中“Nightingale”的意思是“夜莺”，这是一种在西方文学中较常出现的意象，具有幽怨婉转的情感色彩，同时因为夜莺的歌声优美动人，也用来表示对恋人的爱慕和相思之情；加之在英语文化中“Nightingale”也

是人名之一，常被译作“南丁格尔”（著名的英国护士弗洛伦斯·南丁格尔即此名），所以赖恬昌的翻译在中外文化内涵的平衡上做出了比较好的取舍。杜为廉、奚如谷和伊维德的翻译比较接近，都选用了“Oriole”一词。“Oriole”是“黄鹂”，其颜色以金黄色为主，是因歌喉而闻名的一种小鸟。不仅如此，黄鹂鸟也是一种比较受人们喜爱的小鸟，所以经常被饲养为家庭观赏鸟。从这一角度来看，将“莺莺”译为“Oriole”，显然突出了其具有反叛精神和努力追求自由的挣扎与突破的一面，增加了深层的文化内涵。所以，两种译法各有千秋。对于“莺莺”这一名字来说，从音到形，两者想要兼得是万难之事，所以译者根据自己对角色的理解做出取舍也是自然而然的。

《西厢记》中另一位重要的女性角色是红娘。红娘虽然是一位婢女，但她具有崇高而美丽的灵魂，帮助张生和莺莺传书递简，对老夫人敢于抗争，是全剧中极其光彩照人的角色。与“莺莺”被翻译的历程类似，前期的译者依旧将其音译为“HUNG NIANG”。但对于英语读者来说，无论是“HUNG”还是“NIANG”这一发音都不具备文化意义上的联想，所以显然会造成文化内涵的缺失，而这对戏曲典籍在英语世界的发展不无影响。20 世纪初，中国戏曲在英语世界的发展还处于起步阶段；加上熊式一和哈特两位译者的翻译思想近似，都希望能够翻译出接近原作的译本，所以译者采用比较保守的翻译策略也在所难免。后期汉学发展，学者和译者对《西厢记》有了更深层的理解。伊维德曾说“每个时代都需要新的译本”，所以在翻译时进行艺术改造的动机也更加强烈。从赖恬昌开始，主要突出了将“红娘”中的“红”字译出，红色在西方文化中象征着热情、大胆、奔放，给人一种活泼灵动的情感联想，与《西厢记》中红娘这一角色的性格不谋而合；同时“Scarletta”“Crimson”“Rose”等英文名在阅读习惯上更符合西方读者的口味，读来更具熟悉感和流畅感。

下表列出了《西厢记》主要译本对红娘这一姓名的翻译。

熊译	哈特译	威尔斯译	赖译	杜译	S&W 译	许译
HUNG NIANG	HUNG NIANG	HUNG NIANG	Red Maid	Scarletta	Crimson	Rose

由此可以看出，《西厢记》的人名翻译主要有两种策略：音译和意译。同时，这两种策略由于当时的文化语境和译者本人的背景呈现出比较明显的阶段性特点。在戏曲典籍的人名翻译中，形和意不可兼得，译者需要选择其一。无论哪种译法，目的都是传达汉语姓名丰富的内涵。

（二）典故

典故是在文章中引用古书中的人物、故事或者词句的一种手法，英文中叫“allusion”，英汉词典中的解释为“are about person, event, story, etc. In which the person, event, story, etc. Is not mentioned specifically or in detail but is only indirectly referred to”。典故在中国古典文学中非常常见，作者的主要目的是通过借用历史人物、神话传说、寓言故事等来表达自己的某种情感，在使用得当的情况下可以使文章既典雅又有趣，也可以起到精练语言的作用。在翻译文学中，典故一方面承载了源语国家的深层文化内涵，另一方面对于目标语国家读者来说是完全陌生的文化意象，所以译者在处理时通常采用两种策略：一是保留原文中的历史、传说人物姓名等文化意象，同时以各式注释来进行解释；二是略去原有文化意象，直接进行归化，将背后情感含义译出。总之，不同风格的译者会选用不同的策略来使译文达到其最终的翻译追求。

本章中笔者为了将研究更细地分类，把“引用诗词”划分到了“语言文化”之下的“引用”，而“人物故事”则分到了“社会文化”之下的“典故”中进行讨论。

例 1：“我虽不及司马相如，我则看小姐颇有文君之意。”（第一本第三折）

哈特译	杜译	S&W 译	许译
Though I am not Ssu Ma Hsiang Ju, may you not be another Wên Chün?	I may not be up to Ssu-ma Hsiang-ju as a poet, but this young lady does very much have the air of his Cho Lady Refined.	Though I'm not match for Sima Xiangru, I can see that the little miss certainly has the mind of Wenjun.	Although I am not the good lutist, she may be a lute-lover.

例 2："沈约病多般，宋玉愁无二，清减了相思样子。"（第三本第一折）

杜译	S&W 译	许译
A "Scholar Shen Yüeh with so many affliction", A "Poet Sung Yü unmachedly grieved", You look so thin with pining!	Like Shen Yue, beset by many illness, Like Song Yu, sorrowed without peer. A figure worn thin by love-longing.	Don't waste through lovesickness nor pine away, Like sick and sad scholars night and day!

这两个例子中均使用了历史人物的典故。例 1 中张生将莺莺比作卓文君，所以想效仿司马相如一般吸引莺莺的注意。例 2 是红娘用来形容张生因为思念而生病的样子，沈约多病，所以经常被用来指人身体瘦削，或者愁病缠身；宋玉因多写悲愁之语，所以后人也常用来形容多愁多病。从这两例比较典型的历史人物典故可以看出，西方译者不约而同地保留了人物的名字，除哈特采用了书后附注的方式，杜为廉、奚如谷和伊维德均以脚注进行解释。例如，杜为廉关于沈约的脚注就有 600 字之多，奚如谷和伊维德在译文下方用脚注分别详细介绍了司马相如和卓文君的背景及二人的故事。而许渊冲则两次对人物典故进行了归化，将"司马相如"归化为"lutist"（弹琵琶者），"文君"译为"lute-lover"（琵琶爱好者），"沈约"和"宋玉"则译为"sick and sad scholars"，直接将典故背后的含义译出。从这一类型的例子可以看出，许渊冲的译文风格是非常独特和鲜明的，译文的整体流畅度、可读性和理解程度显然是译者首先要考虑的重点，所以在面对英语读者不甚了解的中国历史人物时，基本都进行了归化处理。可见译者的侧重点更在于传达《西厢记》的整体文化氛围，而非具体的历史文化内容。

神话传说典故也是《西厢记》中频繁出现的另一大类。与真实的历史人物相比，译者在具体的翻译处理上也呈现出略为不同的特点。

例 3："斑管要怎的？湘江两岸秋，当日娥皇因虞舜愁，今日莺莺为君瑞忧。"（第五本第一折）

熊译	赖译	杜译	S&W 译	许译
In autumn, on either bank of the river Hsiang bamboos grew, And as the Empress O Hu-ang stained them with her tears of sorrow for the death of her husband Emperor Shun.	The bamboos on the banks of the Hsiang were spotted with the tears an ancient Empress once shed when her emperor died.	In autumn on both the River Hsiang's banks, Of yore mourning tears, Shun's empresses, Splashed and spe-cked the bamboo, And now Orio-lette likewise so-rrows, Chün-jui misses.	In autumn on the banks of the Xiang River, In those days Ehu-ang sorrowed for Shun of Yu. Today Oriole is anxious for Junrui. This bamboo from the foot of Mount Nine Suspicions And the sleeves of the perfumed silken robe.	I sent him the pen of specked bamboo— Which by the riverside in autumn grew— He might think of my tearful face. At the foot of the Nine Mysterious Mountains The Empress's tears gushed like fountain.

与历史人物典故有所不同的是，当典故的主要人物成了传说人物，译者的态度和翻译策略也会发生细微的变化。任昉《述异记》中："昔舜南巡而葬于苍梧之野，尧之女儿娥皇、女英追之不及，相与恸哭，泪下沾竹，竹上文为之斑斑然，亦名湘妃竹。""虞舜"即舜，"娥皇"为其妻之一，均为传说中的人物。此处莺莺遥寄张生一支斑竹制成的笔，以此来提醒张生莫忘家中仍有她像昔日娥皇为舜一样痛苦流泪。从所选译文可以看出，除奚如谷和伊维德外，其他译者均对娥皇和舜的帝、后身份进行了补充，增加了"emperor"或"empress"的意象，方便了读者对典故主人公身份的理解。其中赖恬昌和许渊冲略去了娥皇和舜的身份信息，保持了其主要归化文化信息的翻译原则，将此处归化为一位皇帝和皇后之间的故事。由此可以看出，译者面对神话传

说型典故时，翻译策略比历史人物典故要灵活不少，同样的例子在地名典故中更加明显。

例 4：“料想春娇厌拘束，等闲飞出广寒宫。”（第一本第三折）

熊译	哈特译	赖译	杜译	许译
I imagine that this beauty, disliking convention, has availed herself of the opportunity to escape from her confined surroundings...	I could easily imagine that this wonderful miracle of spring, wearied of being confined, has waited for an opportunity to fly out of the Kuang Han Palace.	...The angle emerges from her heavenly palace.	Unless I'm such mistaken, this Springtide charmer find her mother's restrictions irksome, and, given but half a chance, flied forth from her Vast Cold Palace.	I think she is the Goddess so weary of restrictions and so inconsiderate as to flee from the Palace on high.

“广寒宫”是中国古代神话中月亮上的宫殿，也称“蟾宫”。在“广寒宫”里，自古就有关于嫦娥、玉兔、吴刚等角色的故事。《西厢记》中此处是张生偷看到莺莺在太湖石畔焚香祷祝，惊艳万分，将莺莺比作从广寒宫中飞出的嫦娥。从五位译者对“广寒宫”一词的处理可以明显观察到，与带有人名的典故有所不同的是，这种典故中的地名，尤其是传说中的地名，不同译者均在不同程度上进行了意译，而非直接音译。其中，仅哈特将“广寒宫”音译为“Kuang Han Palace”；而杜为廉则分别将“广”（Vast）、“寒”（Cold）、“宫”（Palace）三个字译出，使读者一眼就可以看出此“宫”的特点，属于其在翻译中对中国文化特有名词比较特殊的处理；赖恬昌和许渊冲的译法类似，分别译为“heavenly palace”（天上的宫殿）和“the Palace on high”（高处的宫殿），许渊冲特意将首字母大写表明这是专有名词，在中国文化中具有固定含义；熊式一则对“广寒宫”进行了彻底的归化，直接结合前句中的“厌拘束”译为“her confined surroundings”（她受困的环境）。所以，译者对典故中的地名均进行了较为灵活的处理，这是翻译《西厢记》时译者可以充分体现自己翻译思想和目的的重要因素。

（三）科举和官场

《西厢记》虽然是一部爱情故事，但主角张生是文人、知识分子，那么自然而然其理想就是完成中国知识分子的普遍追求——仕。科举制是中国古代选拔官吏的主要制度，从隋朝至清朝，前后1300余年，为各朝各代选拔了无数的治国能人。元朝虽然科举制不似唐宋兴盛，但仍有举办，参加科举从而走上仕途，仍旧是当时文人的最高理想。《西厢记》中张生是才华横溢的书生，最终也完成了其金榜题名的理想，其中涉及中国古代科举和官场文化的词数量颇多，具有一定的研究价值。

“秀才”在汉时是科名，唐宋时凡应举者皆称秀才，元明以来就变成了对书生、读书人的一种称呼，所以内涵比较简单。《西厢记》中的“秀才”一词出现的频率颇高，译者基本上以“student”（学生）或“scholar”（学者）来翻译，这两者具有细微的差别，“student”是学生，尤其指在校的学生，同时有“学者”的用法，是“对某一领域非常感兴趣的人”（a person who is very interested in a particular subject）。而“scholar”则“需对某一领域特别熟悉”（knows a lot about a particular subject）。从张生尚未考取功名的角度来看，“student”比较合适；但从另一个角度，张生颇有诗才，后来的中状元也证明了其富有才华，称其为“scholar”并无不妥。由此可知，在文化负载词的翻译中，译者本身对原文的理解至关重要，不仅决定了能否翻译正确，更影响着翻译的整体风格。

除“秀才”这种与西方有部分共通之处的文化信息词以外，由中国独特的科举和官场制度所带来的词应更加仔细考量。

例1：“小生这一去白夺一个状元，正是‘青霄有路终须到，金榜无名誓不归’。”

（小姐放心，状元不是小姐家的，是谁家的？）（第四本第三折）

熊译	赖译	杜译	S&W 译	许译
My Young Lady, make yourself easy on that score. If the highest literary rank is not to be gained by your family, what other family can gain it? I must not bid your farewell.	I will come back at the top of the list.	Oh I'll wrest me a top graduate result, no trouble, and it'll be a case of: Be there a road to the blue empyrean, I'll surely get there in end, If my name's not on Gold Notice-board of Successes, I swear I'll never homeward wend.	Missy, your heart is troubled—but once gone I will snatch the head of the list clean away! Truely is, "If there is a road that leads to the blue em-pyrean, I will arrive in the end; if my name is not on the golden plaque, I vow not to return!"	Make yourself easy on that score, my dear Yong Lady. To which family will the highest literary honor belong if not to yours?

由于不同译者使用的底本不同，原文本中存在略微差异，这里主要考察对“状元”和“金榜”的翻译。“状元”是古代科举考试的最终环节——殿试的第一名，也是一个读书人能获得的最高、最有价值的称号。这里列举了“the highest literary rank”“top of the list”“the head of the list”等译法，基本上都是进行了意译，没有保留“状元”的音和形。采用弘治本的两位译者的译文中有“金榜”一词，杜为廉将其译为“Gold Notice-board of Successes”，采用了增译的翻译手法将金榜的含义进一步译出，增加了“登上金榜即成功”这样的文化内涵；奚如谷和伊维德将其译为“the golden plaque”，也符合“金榜”的含义，同时“golden”在英语中除了“黄金的”“金黄的”含义外，还有“珍贵的”的意思，所以用此词翻译全天下文人的终极梦想，也具有了形象的效果。

还有一例更为复杂的词，即“探花郎”。

例 2：“玉京仙府探花郎，寄语蒲东窈窕娘，指日拜恩衣昼锦，定须休作倚门妆。”（第五本第一折）

杜译	S&W 译	许译
The graduate in the Jade Capital's Palace- Of- Immortals Sends word to P'u East's Lady lissome pretty: E'er Long, post granted, I'll daytime-flaunt my brocade robes back home, I vouch you'll need be no doorway-waiting beauty!	He who plucked a flower in the fairy precincts of the jade capital Send words to the modest and retiring lady of East of Pu: In a day I will bow to imperial grace and be clothed in daytime brocade; Do not, for any reason, affect to lean by the gate.	I've won the laurels and greet In fairy land my lady sweet. Soon I'll return in fine array. Don't lean on the door for that day!

"探花郎"一词现在普遍认为是对中国古代科举考试中殿试排名第三的进士的称谓，与"状元""榜眼"经常一同出现。这一称谓最早应当是出现在唐朝，但当时并不指第三名，因为唐朝进士及第后会有庆典活动，其中之一便是探花宴，会选择进士中最年轻的两位采摘鲜花并用来迎接状元；后来经历了一番沿革，直到北宋晚期才确立了"第三名"这一内涵。"探花郎"这一概念在很长一段时间内只用作指代本朝进士中最年轻者，经王季思等人考证此处应该也是如此。所以，"探花郎"这一文化负载词对译者的中国文化功底是比较大的考验。其中，杜为廉将其译为"graduate"（通常指获得学位的毕业生），而且用了近两页篇幅的脚注考证了"探花"这一称谓的渊源，最后认为此处"探花"并不是指"殿试第三名"，严谨态度可见一斑；奚如谷和伊维德将"探花"直译为"pluck a flower"（摘一朵花），再结合后句"寄语蒲东"，似乎令人摸不着头脑，而且此处也没有任何注解，不似两位译者的通常做法；许渊冲将"探花"译为"won the laurels"（赢得桂冠），倒是新意十足，找到了中西方文化的共同之处，在文化内涵和意象两方面都做到了比较好的统一，也符合许渊冲一贯的意译风格。

除此之外，还有一些重要的中国官场文化负载词因为在其他典籍中出现频率较高，对外翻译次数也多，已经造成了一定的影响。尤其是对外译介规模最大的儒家哲学典籍中的部分术语，已在英语世界有公认的译法，如"礼部”，通常译为“Board of Rites”。所以《西厢记》中关于“礼部尚书”的译法多为“President of the Board of Rites”“Secretary of the Board of Rites”；“将军”也多取和西方共通之意译为“general”等。由此可以看出，典籍外译是一项整体性的工作，而部分文化负载词的译法，尤其是术语的译法的统一有利于集中力量传播中国传统文化。

（四）称谓

称谓是人们在日常交流中对不同的人使用的不同指称，是人类因为亲属、身份、职业等社会关系而建立起来的角色名称。在中国古代，称谓是重要大事，它确保了人际关系中双方的位置，与人的生活密切相关。《西厢记》中的种种称谓反映了当时称谓语的真实面貌，也展现了当时人民的生活风貌和礼仪文化，同时我们从中可以看出元代社会的婚姻制度、等级制度、家庭制度的概貌。在《西厢记》的英译本中，称谓的翻译决定了交流双方的身份和地位。英语读者对中国古代的部分称谓是比较陌生的，从而有可能导致潜在的理解误区，所以译者对称谓的恰当处理可以尽量避免读者对人际关系和人物阶层理解的混乱。

从古至今，汉语中的称谓并不是一成不变的。在中国古代的社交生活中，就已经存在很多通用的称谓，如“子”“君”“卿”等，“子”是最常见的对男子的称谓之一，用来表示被称呼人的德行高尚，如孔子。后来逐渐扩大到对普通人的尊称。现代汉语中使用的称谓更是经历了数代演变才最终形成的，尤其是古代的种种称谓自新文化运动后，再到中华人民共和国成立，新时期到来，始终都在变化之中。

与汉语称谓系统类似，英语中的称谓系统也经历了长期的变化。通常我们认为公元1500年之前的英语属于古代英语，或古英语；之后的英语属于现代英语，其中1500年至1700年的英语属于早期现代英语，而1700年之后的英语才是真正意义上的现代英语。英语世界不同的历史时期也具有不同的称谓，而中国和英语世界的称谓并不存在时间上的对等。此外，古代西方世界和中国古代社会千差万别，在社会等级、传统文化等方面都具有自身的特色。所以在翻译《西厢记》中称谓的时候，大部分译者会考虑到其时代背景，同时也会自觉地以西方世界的年代加以对应，将其称谓文化信息所负载的社会历史信息呈现出来，同时也保留了原文“古典”戏曲的风格。

据统计，“小姐”一词在《西厢记》中出现了142次，是出现次数最多的称谓词。从古至今，“小姐”的内涵经历了许多变化，一开始被用来称呼社会地位比较低下的女子，如侍女、婢女、妓女等。例如宋代钱惟演在《玉堂逢辰录》中，记有“掌茶酒宫人韩小姐”；南宋洪迈撰的《夷坚志》又记载：“傅九者，好使游，常与散乐林小姐绸缪。”这里的“韩小姐”“林小姐”是宫女和乐伎。苏武也有《成伯席上赠妓人杨小姐》诗。后来经历了一番社会演变，“小姐”逐渐成为社会地位较高的未婚女子的称谓，并且带有了富家闺阁女子的尊称的感情色彩。《西厢记》中的大部分“小姐”用法均属此类。“娘子”泛指女子。也可以当作娘家人对出嫁女子的称呼，或者官宦人家对新婚妻子的称呼。在中国古代，“娘子”本来是女子的通称，后来才用来指称“妻子”这一内涵。比如在宋元时期，丈夫称呼妻子为“娘子”，在“娘子”一词的前面加以“大”“小”来区分妻妾：“大娘子”为妻，“小娘子”为妾。有时“小娘子”也用来指新婚妻子。《西厢记》中“小娘子”是张生用来称呼莺莺或红娘，例如第一本第二折中张生问红娘：“小娘子莫非莺莺小姐的侍妾么？”此处当作普通女子的用法，并非指“妻子”。

在现代英语中，对女性的常见称谓有：Miss，Madam，lady，Mrs.，Ms.等。伊丽莎白时期（1558—1603），在莎士比亚创作的戏剧中可以看到对女性的称呼主要有lady和mistress，其中lady主要用于社会阶层较高的贵族妇女，对已婚和未婚不做区分；mistress主要用于中下层妇女。但后来，随着时代和社会阶层的改变，部分称谓也发生了变化，mistress逐渐成为通用的女性尊称，不再带有社会阶级的色彩。《西厢记》中，莺莺开始是一位未出嫁的官宦女子，社会阶层较高，所以译者将其主要译为“lady”或“mistress”，都是比较恰当的。如熊式一和杜为廉将其译为“Young Lady”，而崔母作为年长女性，则主要被译为“lady”或“Mrs Cui”以表尊重。比较特殊的是奚如谷和伊维德将“小姐”译为“missy”，意为“a young woman”，同时具有“a young lady of 18”（18岁的女子），属于现代英语中的非正式用法。

也有部分称谓是比较难处理的，如夫妻称谓。而英语中的“husband”和“wife”是称谓词，但在日常生活中并不用于夫妻双方的互称，而是使用“baby”“honey”“sweetie”“dear”等词汇。在《西厢记》的翻译中，用这类词汇显然过于现代化，情感上也过于直接和肉麻，与当时中国社会比较严格的等级制度和男女之间的界限感有明显差别。所以当张生用“娘子”来指称作为妻子的莺莺的时候，译者不约而同地避开了直接翻译。例如：

例1:“见小姐时说:‘官人怕娘子忧，特地先着小人将书来。’”（第五本楔子）

杜译	S&W 译
But fearing that my young lady may be feeling anxious about me, I'll just write a letter for my page to take home to her.	When you see missy, tell her, “My master was afraid that you might be anxious and so especially dispatched me ahead of him to deliver this letter.”

两位译者均将第三人称的“娘子”称谓词转换为第三人称代词，在前句的“小姐”处进行了翻译，而在后面的引语直接以“her”进行代替，避免了中英夫妻称谓文化造成的不便，这也是比较常见的翻译策略。

与之类似的还有部分谦称和贱称的用法，红娘曾自称“贱妾”，但译者基本以第一人称代词“I”译出，删去了其自谦的含义。另外，女主人莺莺和崔母则多次在咒骂红娘时称其为“小贱人”。例如:“老夫人着红娘问长老去了，这小贱人不来我行回话。”译者在此处也多直接以红娘的译名进行翻译，而对称谓语的感情色彩进行了删除。但是也有部分对话中，莺莺或者崔母用“小贱人”来直呼红娘。

例 2："小贱人，不来怎么！……小贱人，这东西那里将来的？……"

"（莺莺云）我告过夫人，打下你个小贱人下截来！"（第三本第二折）

杜译	S&W 译	许译
You young hussy, come here, won't you!...You hussy, where's this thing been brought from?... When I inform my mother, she'll beat the bottom-half off you, you little bitch!	Why don't you come here, you little hussy! ...You little hussy! Where did you get this? ... Female lead speaks: If I report this to the madam, she'll beat your bottom, you little hussy.	Yingying says: I shall tell my mother so that she may give you, little imp, a good thrashing on the bottom.

英语中对年轻女子的贱称有许多，如"slut""bitch""slag"等。弘治本中此处莺莺连用了三个"小贱人"来表示自己的羞怒之情。此处的"小贱人"我们稍作解读就可以发现，应该属于带有笑骂的感情色彩的贱称，并不是真的在咒骂，仅用来表示对红娘叛逆行为的不满，所以在对白中这种情绪进行了发泄。例如许渊冲将"小贱人"译为"imp"（小恶魔、顽皮鬼），是其对红娘的性格和被称呼的语境做出的判断，而杜为廉、奚如谷和伊维德的译法则更加直白，"hussy"（粗野女子、荡妇）过去在英语中是比较典型的用于咒骂年轻女子的表达。由此可以看出，不同的译者在对原作者的情感意义的理解上有所不同，所以在翻译词汇的选择上也会体现出比较明显的译者风格。与"小贱人"表达类似的，还有"禽兽"一词。

例 3："这禽兽不省得，状元唤作夸官，游街三日。"（第五本第一折）

熊译	杜译	S&W 译	许译
You silly creature! You don't know that he who has gained the highest place at the examination has to go round the streets for three days, and this is called 'To display the honor he has acquired'.	You silly ignoramus! With a Top Graduate it's called "flaunting the pomp of mandarin ship", and he gets a triumphal procession round the city for three days.	You beast! You don't understand. The head of the list basks in glory and is paraded in the streets for three days.	You silly fellow! Don't you know that the winner of laurels has to go on display around the streets for three days?

这里的"禽兽"用来讥讽张生的书童不懂规矩，不知状元要游街的传统，

用法与“小贱人”类似，也属于带有笑骂意味的贱称。熊式一、杜为廉和许渊冲三位译者都加译了“silly”（可笑的、愚蠢的）这一形容词来表示其情感含义，分别译为“silly creature”（傻瓜）、“silly ignoramus”（愚蠢无知的人）、“silly fellow”（傻小子），有效传达了原文中“禽兽”背后的文化信息。奚如谷和伊维德的译文则着重于忠实，将其直译为“beast”（禽兽、野兽）。

可以看出，除了部分中西方文化存在互通的称谓词被比较完整地翻译出来以外，许多称谓词的文化含义都存在着被删减的现象。其主要原因在于中国古代的称谓系统极其庞杂，有敬称、谦称、蔑称、贱称等不一而足，即使是同一角色，被不同阶层、不同社交关系的人称呼也需要各不相同的称谓；西方的称谓系统相较而言则简单不少，虽然也有不同类型的称谓词，但在实际的社交生活中常用的并没有中国古代文化中那么多。所以在翻译时，译者通常避开这些复杂的称谓语，而是根据语境将其简化为人称代词，或直接以姓名相称，达到了比较简明的文字效果。

三、宗教文化负载词

宗教和戏剧有着不解之缘，世界上任何一种戏剧的诞生都离不开宗教的影响。中国戏曲作为一种通俗的文学和艺术样式，与中国民间普遍存在的宗教文化有着密不可分的关系。各种宗教思想，尤其是佛教思想渗透在戏曲创作者的生活和思想之中，为戏曲的创作提供了多样化的创作素材和独有的文化特色。元代是一个宗教信仰大发展的时代，这一时期宗教信仰不仅是普通民众的精神安慰，更成为社会整体精神面貌的一个反映。《西厢记》中的故事发生在一座寺庙——普救寺，法本、法聪等僧人角色也起着重要作用，所以书中的佛教文化负载词数量也较多，涉及佛教场所、器物、称谓等。而西方文化中佛教所占的比例较小，所以存在一定的文化障碍。通过研究佛教文化负载词，可以观察到译者在面对中西方对宗教的认知差异时是如何进行处理的。

在佛教文化中，有不少与“天”“地”“神”相关的意象，这些意象在西方文化中或能找到对应，或因为独特内涵而作为佛教文化的独有意象而存在。在翻译这些佛教文化意象时，译者面对的不仅是中西方文化的壁垒，更多的是东西方宗教在世界观、价值观等观念之间的差异。

例 1：“正撞着五百年前风流业冤。……这的是兜率宫，休猜做了离恨天，呀，谁想着寺里遇神仙。”（第一本第一折）

熊译	哈特译	杜译	S&W 译	许译
I have suddenly observed a beauty, who must be the victim of an amour between us five hundred years old!... Is this a paradise, a heaven where no regrets reign? Who would have thought that I should meet here such an angel.	Suddenly I behold the consequences of my life five hundred years ago.... Is this then a palace in Paradise, or is it the place of broken hearts? Can it be that I have come upon one of the immortals?	Then whom should I meet but her whom Fate decreed me in love five hundred years before, by Karma!... Yes, this is indeed Tushita, Paradise Of Fulfilled Elation: Don't mistake it for a Hell Of Anguished Separation!— Hey! Fancy meeting a girl angel in this monastery of men!	And now I run smack into my alluring karmic sentence from five centuries ago!... This is Tushita Palace, Don't guess it to be the heaven of Separation's Regret. Ah, who would ever have thought that I would meet a divine sylph?	Who is there if not the beauty who has won love seed in my heart for five hundred long years!... Is this a paradise or a sorrowless sphere? Who would have thought I'd meet an angel here!

这几句是描绘张生初见莺莺时的画面。张生在寺庙中见到了莺莺，震惊于莺莺的美貌，于是连用了“业冤”“兜率宫”“离恨天”“神仙”这几个与宗教相关的文化意象来形容莺莺好似天外飞仙，用以强调其超凡脱俗的气质。其中，“业冤”是前世冤家的意思。“业”是一个含义十分广泛且深奥的字，在此处可以简单理解为“某种行为，及其后来随之产生的惯性力量或者记忆”，最早起源于印度，梵语是“karma”，属于佛教术语，在日常英语中出现频率极

低。“冤”作“冤家、仇家”解，所以“业冤”最初是指类似世仇、仇家等含义，但后来多用于爱到极致的反称，具有了“前世的情人”的内涵。如《合汗衫》第四折：“休提起俺那业冤。他剔腾了我些好家缘。”研究译文可以看到，杜为廉、奚如谷和伊维德的译本中提到了“Karma”或者“karmic”的概念，其中杜为廉使用了整整5页的篇幅作为对“业冤”的注解，详解了“业”的内涵，并罗列了与“业”相关的中国佛教文化的表达。其他译者则均进行了减译，仅将“五百年前”的内容译出，以体现张生认为和莺莺具有上一世情缘的感受，这是由译者的风格和目的决定的。

“兜率宫”和“离恨天”也属于佛教文化负载词，“兜率”是梵文“Tuṣita”的音译，意为“妙足、知足、喜足、喜乐”，此处比作寺庙。佛经有云：须弥山的正中央有一天，四方各有八天，共三十三天。在三十三天之上，正是离恨天。所以，离恨天经常用来比喻男女长期不得相见的哀怨和愁苦。如郑光祖《倩女离魂》中也有“三十三天觑了，离恨天最高；四百四病害了，相思病怎熬”的句子。与“业冤”的译法有所不同的是，大部分译者将“兜率宫”和西方主流基督教的概念进行了文化融合，译为“paradise”（极乐之地）或“heaven”（天堂）。这对于西方读者来说更加熟悉，也更易于理解。尤其是与后面的“神仙”译为“angel”（天使）联系起来阅读，译文前后的文化信息更加完整、系统化。而杜为廉、奚如谷和伊维德将“兜率”译回梵语，对“离恨天”进行了解释性翻译，即“heaven of Separation’s Regret”。熊式一、许渊冲等人也将“离”和“恨”分开翻译，以意译的方式重现了文中张生思慕莺莺的情感体验。类似的佛教文化意象还有许多，译者的处理方法基本与此处保持一致。

例2：“我若是死呵，小娘子，阎王殿前，少不得你做个干连人。”（第三本第四折）

熊译	哈特译	杜译	S&W 译
It will be the death of me! Should I die, Miss Hung Niang, you must be my witness at the tribunal of the King of Hades.	Hung Niang, when I am dead, and when I stand before the underworld's great god, then I shall call upon you to be my witness.	And when I die, young maiden, you're bound to be hauled in as an accessory in the court of Yama Raja.	If I die, missy, you'll be summoned before King Yama's Palace, and you won't be spared being called a conspirator.

“阎罗王”来源于印度梵语，为“Yamaraja”，是冥界的王、地狱的主神。“阎罗王”的故事随着佛教从印度传入中国，后逐渐在中国流行开来，不仅佛教吸收了“阎罗王”的文化，道教也对其有所吸收，称“十殿阎王”。早期的几位译者，如熊式一将其翻译成“the King of Hades”（哈迪斯）。古希腊神话作为人类历史上最早的神话系统之一，其死亡观也是比较原始的，与中国文化类似，认为死者在死后都会去往冥界（地府）。而哈迪斯是古希腊神话中的冥界之王，可以说是“阎罗王”的意象在西方文化中的对应项。熊式一身处英国文化语境之中，其译本在很大程度上追求英语读者的接受和认可，所以非常追求译作文本的可读性，故而这样处理。哈特则避开了译名的选择，直接将其背后意思译出，如“underworld's great god”（冥界伟大的神），也是比较方便读者理解的，同时避免了东西方宗教文化的碰撞产生的陌生感。而杜为廉、奚如谷和伊维德则还原了梵语的“阎罗王”，将其译为“Yama Raja”“King Yama”，保留了原文的宗教意象，避免了在译文中将宗教文化泛化成民间文化的取向，维持了原文中的宗教色彩。

除了佛教文化意象以外，《西厢记》中还有不少与“佛”相关的场所的表达，在翻译过程中如果能得到统一的恰当处理，对译文的完成度和整体的流畅度都具有一定意义。第一本中的故事情节大部分发生在寺庙，故在此主要研究这一折中提及的佛教场所。

	熊译	哈特译	杜译	S&W 译	许译
普救寺	P'u Chiu Monastery	P'u Chiu Temple	the Universal-salvation Monastery	Monastery of Universal Salvation	the Salvation Monastery
佛殿	the hall of Buddha	Buddha's shrine	Hall of Buddhas	Buddha hall	Buddha hall
罗汉堂			Hall of Arhats	the arhat hall	
舍利塔			dagobas	relic-filled pagoda	
法堂	the law of Buddha	the main shrine of the Law	preaching chamber	Dharma hall	the hall of Scriptures blest
禅室	cells	silent cells	meditation cells	meditation cells	cells
斋供道场	the offerings and other preparations for the religious service	the place of sacrifice and the arranging of details	food offerings and the service	vegetarian meal and the mass	the offerings
钟楼	bell-tower	bell-tower	belfry	the bell tower	tower of bells
僧院	the quarters of the priests	abbot's courtyard	monks' vihara	monks' court	Monks withal

上表列举了《西厢记》中佛教场所的相关表达。观察分析后可以发现有部分名词在东西方宗教中都存在，所以文化上存在一定的共通性。如“钟楼”“殿”等，在西方宗教建筑中也有“bell tower”（钟楼），像《巴黎圣母院》中的钟楼；在教堂等宗教场所中，“hall”（大厅、礼堂）也是非常常见的名词。除此之外，诸如“普救寺”“禅室”“僧院”等名词则为佛教文化所独有的，译者的翻译策略也以意译为主。其中需要注意的一点是关于“僧人”这一名词概念的英译，杜为廉、奚如谷和伊维德以及许渊冲将“僧院”中的僧译为“monk”（和尚），在其他作品中也是最常见的译法，而熊式一和哈特则分别将其译为“priest”（牧师）和“abbot”（修道院院长），体现出比较特殊的时代特色，即中国文化，包括中国的佛教文化在西方处于边缘地位的时候，译者更加倾向于贴近目标语文化，而当中国文化逐渐为世界所了解和接受的时候，译者则倾向于保留源语文化。另一点是杜为廉、奚如谷

和伊维德依旧强调在翻译部分具有梵语来源的佛教术语时，直接使用梵语单词来翻译，这一理念对戏曲典籍外译的整体发展是有益处的。

从这些例子中，我们可以看出一种随着《西厢记》在学界和高等教育领域的经典化而来的译介规律。一方面，无论中国译者还是外国译者，在翻译佛教文化负载词时都会发掘中西方宗教文化的共通之处，然后进行部分归化处理，使译文更贴近目标语国家的读者，也更加流畅。另一方面，译者面对复杂的宗教文化负载词，翻译态度从避开或改写，到采用属于中国佛教文化或者其他国家宗教文化的源语来重现原文的宗教色彩。这样的趋势对于统一《西厢记》及其他戏曲典籍译介过程中的相关术语翻译具有重要作用，对于戏曲典籍在海外地位的巩固和扩大也具有重大意义。

四、物质文化负载词

物质文化主要是指人类创造的物质产品，来源于社会经济和技术的发展，并且与人民的生活息息相关。《西厢记》诞生的元代是一个民众物质生活空前丰富的时代，小商品经济的繁荣带来了物质的多样化，与衣、食、住、行相关的各项人类活动都需要依托各种不同的器物。这些恰恰是西方人感兴趣和憧憬的，毕竟在自 17 世纪以后的很长一段时间里，西方人对中国的想象都是围绕着物质文化展开的，从丝绸、瓷器、香料到建筑、家具，这些物质文化都承载了西方人对中国文化的想象。《西厢记》中的故事虽然发生在寺庙，不似官宅生活丰富多彩，但在物质文化上仍有大量的描写。

首先，《西厢记》中关于环境的细节描写中有不少画面的展开和气氛的烘托是依靠器物的。而且各种器物往往接二连三地出现，仿佛在读者面前缓缓展开了一幅画卷，画中就是所描述屋子的样貌，从桌上摆设到墙上装饰，无一不在其列，给人以身临其境之感。

例 1："风静帘闲，透纱窗麝兰香散，启朱扉摇响双环。绛台高，金荷

小，银釭犹灿。比及将暖帐轻弹，先揭起这梅红罗软帘偷看。”（第三本第二折）

这一例是以红娘视角来看莺莺独卧小憩的画面，作者通过一系列器物的描写，用绮丽流畅的语言给读者呈现了一幅美好幽深的画卷：此时没有风吹过，珠帘也静止不动，透过纱窗看到香烟缓缓升起，门突然开了，高高的烛台上蜡烛燃烧得正旺，红娘悄悄靠近暖帐，掀开那红色的帘子偷偷地看。

哈特译	赖译	杜译
The wind has dropped, And motionless hang the curtains. Her gauze window is full of the perfume Of orchid and of musk. When I open her door, the two great brass rings echo. On a high stand there is a small lotus. A silver lamp still burns. I shall raise the soft curtain, but first I shall lift the sea green and red gauze drapery Of her bed and look at her.	The air is calm and the fragrance of flowers floats through the window. Her lamp still burns, throwing its silver light on her lilies of gold as I draw aside the net around her bed.	Wind's dropped, door-curtain's undisturbed, tranquil, Through her muslin-silk window, Musk and orchid perfumes drift away, Rattling the pair of door-rings, I open her vermilion portal. Her crimson candle-stand's candles are tall, Their "gold lotus" wax "tears" still small, And her silver lamps splendid shining still. Before I gently flick open her warm bed-curtains, I first lift up Her Plum-blossom-red Chiffon-silk bed-portiere, a peep to steal.

此处是一幅“美人晓睡图”（金圣叹语）。通过“纱窗”“朱扉”“双环”“绛台”“金荷”“银釭”“暖帐”“软帘”等一系列房间装饰和摆设的描绘生动地再现了莺莺所在深闺的美好画面，女子闺房的一物一景都栩栩如生，读者仿佛跟随红娘的脚步悄悄走进了房间，闻到了“麝兰”的香味。这里选用了三位翻译风格截然不同的译者进行比较：赖恬昌的译文基本是对原文的全面改写，将原文顺序打散，同时也改写成以红娘为第一人称视角的叙述，

语言上更像是小说描写。同时通过保留“fragrance”“silver light”“lilies of gold”等意象维持了部分原文的氛围；杜为廉的译文比较富有诗性，从篇幅可以看出他对原文中器物的翻译是比较全面的，甚至存在既直译了物品名称，又做了解释性翻译的做法。如“‘gold lotus’ wax ‘tears’ still small”这一句，原文只说“金荷小”，并未提及烛泪，但杜为了进一步解释究竟是何物“small”（小），除了直译“金荷”为“gold lotus”，又附加了“wax ‘tears’”（烛泪）的意象。哈特的译文介于两者之间，基本上还原了原文所提到的器物，但其中“a silver lamp still burns”（银色的灯）可能属于对“银钉”一词的误读。“银钉”即灯，与银色并无关系，源于晏几道《鹧鸪天》：“今宵剩把银钉照，犹恐相逢是梦中。”但考虑到译者所处的年代，加上哈特本人并未来过中国，能够取得的资料有限，出现少量误译也是在所难免的。

除环境描写中的器物外，中国古代的服饰文化，尤其是女子的服饰文化在莺莺的身上也得到了比较好的体现。作者用了许多物质文化负载词来描写与莺莺的着装、梳妆相关的画面，这些描写对读者在自我想象和理解莺莺的形象上具有重要作用。

例 2：“恰才向碧纱窗下画了双蛾，拂拭了罗衣上粉香浮涴，则将指尖儿轻轻的贴了钿窝。”（第二本第三折）

熊译	哈特译	杜译	许译
I have just painted my eyebrows near the window curtained with green gauze, And wiped away the fragrant powder which was soiling my silk robes, And with the tip of my fingers I have gently adjusted my hair-pin.	A few moments ago, before my green-gauze window Did I paint my brows, lightly dust off the power Where it had fallen on my garments, And with my fingertips place on my hair A diadem of gold.	Just now I'd painted a butterfly-pair beneath my jade-green silk window, And from my chiffon dress Brushed stray powder and perfume speck, Then into my hair delicate finger-tipped my flower clasp.	I have just painted my eyebrows near the window screen, And swept away the power soiling my robe green. I've with my fingertips adjusted my hair-pin.

这是对莺莺梳妆打扮的简单描写，从描眉到拂去装扮后身上的香粉，仿佛觉得还不够，又到镜子前细心贴上了花钿。此处有“双蛾”“罗衣”“钿窝”几个与女子妆发相关的意象，带有鲜明的中国传统文化特色。“双蛾”指莺莺的一对“蛾眉”，蚕蛾触须细长弯曲，所以用来比喻女子的眉毛，是中国古代颇受女子欢迎的眉形。杜为廉将其译为“butterfly-pair”（蝴蝶样），其他人则将其简译为“eyebrows”或“brows”（眉毛）。“罗衣”是一种用柔软的丝绸织成的衣服，曹植有《美女篇》：“罗衣何飘飘，轻裾随风还。”“罗衣”的译法比较多样，熊式一译作“silk robes”，可见其作为中国学者，对中国古代女子服饰具有一定的了解；杜为廉译作“chiffon dress”（薄绸裙），不仅选词别致，同时将“衣”这一比较宽泛的概念缩小到了“裙”上，属于对“罗衣”背后文化信息的补充，可以说思考得十分周密；哈特译作“garments”（服饰），许渊冲与哈特类似，译作“robe”（长袍），两位译者删减了服装的特点“罗”，也符合其一贯的风格，译文流畅，简明易懂。“钿窝”本身有两种解释，一是女子面颊贴花钿的地方，如元代于伯渊《点绛唇》套曲：“柳情花意媚东风，钿窝儿里粘晓翠。腮斗儿上晕春红。”但也有一说是女子衣服上的饰品，王季思校注《西厢记》此处，写“钿窝，当即钿窠。钿窠，衣上饰品，见《元史·舆服志》。”这里四位译者均理解为前者。杜为廉的翻译风格是详尽，不仅将字面意思译出，对隐藏的文化内涵也进行了增译，所以呈现出的译文在词汇上极其丰富，形容词和名词数量多，此处不仅将“花钿”的“花”（flower）翻译出来，还增加了形容词“delicate”（精巧的），译文最终让人产生一种细节丰富、纷繁多样的阅读体验；而其他译者将其简单译为“hair-pin”（发卡），对此没有过多的修饰，以一种归化的翻译策略体现了照顾译入语读者的翻译思想。

例 3：“则见他宫样眉儿新月偃，斜侵入鬓云边。”（第一本第一折）

熊译	哈特译	威尔斯译	赖译	杜译	S&W 译	许译
her eyebrows, in the imperial style	eyebrows	eyebrows	省略	palace-fashion eyebrows	palace-style eyebrows	eyebrows

这是张生初见莺莺时对莺莺的描写，作者专门用“宫样眉”这一细节来描绘莺莺的面貌特点。从这一例关于莺莺“宫样眉”的翻译可以看出，除了三位研究型译者和熊式一以外，大多数译者都仅用了“eyebrows”（眉毛）来代替。所以，结合上一例可以发现一个在《西厢记》的翻译中普遍存在的事实，即对物质文化负载词，尤其是女子妆发类的词，译者的态度都是比较放松的，不似其他文化信息词那样严肃对待，多番考证或者以增译的翻译方法对背后缺失的文化信息进行补充。究其原因，应该在于译者对莺莺眉毛的凸显主要着力于形容词，如“beautiful”“charming”“delicate”等词的运用，而至于细节，如眉毛的形状、服装的样式等，由于中西方的差异较大，尤其对女性的审美观念不同，所以进行了部分删减；而汉学家们则在其严密的学者型翻译思想的指导下，对这一部分文化负载词进行了细节化的翻译。

五、生态文化负载词

生态文化负载词主要是与大自然相关的文化负载词，包括动物、植物、气候等方面的词汇。一个国家和民族所处的地理区域会影响人们对其身处的生态环境的认知，从而对文学中涉及生态文化的内容产生自己的理解和记忆。中国地处亚洲东部，地大物博，动植物种类丰富，在几千年来的文学发展中，部分生态文化产生了比较固定的文化内涵和情感意义；而在西方，欧洲大陆与中国距离遥远，美洲更是远隔重洋，在物种、气候和地域特征上都具有明显的不同，同样具有属于西方文化自身的文学联想。戏曲典籍与海外读者和观众之间相隔的不仅是山川河流，还有漫长遥远的时光，所以在这种时间和空间的双重差异下，译者的职责是将中国戏曲中具有本土色彩的生态文化负载词加以转换，让目的语国家的受众理解其背后的文化内涵。

前文分析了《西厢记》中常用的比喻手法，其中之一就是将动物或植物作为喻体，其中部分动植物是中国所独有的，而另一部分是中西方共有，但在中国文化中具有特别意义的。

例 1:“那里有粪堆上长出连枝树，淤泥中生出比目鱼?”（第五本第四折）

熊译	杜译	S&W 译	许译
How could the true lovers' tree spring from a dung-heap, And how could the two fish with two eyes between them swim in dirty mud?	Twined-branch Love-trees growing from dung-heap，does one ever such find! Or Paired-eye Love-fish in stinky silt reared!	How can trees with intertwined branches grow on a dungheap Or fish with paired eyes live in a mud pool?	How could true lover's tree from dung heap grow? How could flatfish in dirty mud swim to and fro?

这里是张生用来形容郑恒和莺莺之间差点成真的婚约，认为二人即将到来的婚礼是对姻缘簿的玷污，其中“连枝树”和“比目鱼”两个意象在中国古典文学中具有特殊的文化内涵，均用来比喻夫妻同心不分离，类似的表达还有“连理枝”“并蒂莲”“并头莲”等。“连枝树”并不是特指某一种植物，而是形容树的外形：两棵树枝叶相连，既可以形容夫妻，也可以形容兄弟情深。如《水浒传》第二四回:“英雄只念连枝树。”又如清代李孚青《枣巷行》:“在天为比翼，在地为连枝。”“比目鱼”则是一种真实存在的鱼，如《诗经・尔雅》中有“比目鱼，不比不行，比翼鸟，不比不飞”，用来形容男女双方爱情永不分离。元代石君宝《秋胡戏妻》中甚至也有将“连枝树”“比目鱼”同时使用的情况，“短桑科长不出连枝树，沤麻坑养不活比目鱼”（第三折）。在“连枝树”的译法上，除奚如谷和伊维德以外，其他译者均增加了“lover”的意象，用来表示此处的“tree”（树）是一种象征爱情的树，运

用了增译的手法对意象背后的文化信息进行了补充。在西方，“比目鱼”也是一种比较常见的鱼，但是却没有特殊的文化含义。而在中国古人眼中，“比目鱼”通常是两条鱼同时出现，所以是两两相对。熊式一和杜为廉分别以“the two fish”和“Love-fish”翻译出这一文化内涵，帮助英语读者理解了此处提及“比目鱼”的特殊文化内涵。

除了比较具体的植物意象以外，还有一些泛指的表达也十分具有中国文化特色，故在此选一例进行分析。

例 2：“朝中宰相贤，天下庶民富；万里河清，五谷成熟。”（第五本第四折）

杜译	S&W 译
His court’s ministers are noble, wise and of goodness, His subjects worldwide are prosperous; His rivers’ ten thousand miles are limpid pureness, The five cereal grains all harvest in ripeness.	At court the prime minister is wise; Throughout the realm citizens are prosperous. For ten thousand miles the Yellow River runs clear; All five grains mature at harvest.

“五谷”是极具中国古代文化特色的词语，最早起源于春秋战国时期，如《论语·微子》：“四体不勤，五谷不分。”在中国古代有多种不同说法，最主要的有两种：一种指稻、黍、稷、麦、菽；另一种指麻、黍、稷、麦、菽。元代经济文化中心在黄河流域，北方栽培水稻有限，所以此处应该是后者，但总体来说五谷并没有完全确定的说法。此处两位外国译者分别将其翻译为“five cereal grains”和“all five grains”，都将“五种”直译出来，并没有将其泛泛译为“grains”，这种直译的翻译态度体现了对原文的尊重和对中国传统文化的保留。

在生态文化负载词中，还有一类是地貌特征。

例 3：“前日将他太行山般高仰望，东洋海般深思渴。”（第二本第三折）

熊译	杜译	S&W 译	许译
You first looked up to him as if he could help you like the spirit of T'ai Heng Mountain, And that you hungered and thirsted for his relief as if he were the god of the Eastern Ocean.	I gaze up yearning to him, as if to Great Range Mountains' very height, I longing for him, as deep as East Ocean's depth.	My longing gaze will be as high as the Taihang Mountains, My thirsting thoughts as deep as the Eastern Sea.	You look up first to him as mountain high. And thirsted for him as for ocean deep.

这句是崔莺莺思念张生时的内心独白，将对其情深意切的思念比作高山大海，尤其以“太行山”“东洋海”作喻体，将其思念之情化无形为有形。英文中素来也有将思念比作山海的传统，但是此类比喻之中增加了中国的独有意象“太行山”，使得翻译变得棘手。此处选择的四位译者，熊式一、奚如谷和伊维德将“太行山”以拼音译出，其中熊式一采用了当时接受度最广、在西方普及程度高的威妥玛拼音，译为“T'ai Heng”，而奚如谷和伊维德则直接以汉语拼音译出，体现出译文语言跟随时代产生了变化，虽然威妥玛拼音在部分地区有所保留，但已不是国际上的主流；杜为廉和许渊冲则将“太行山”归化为“Great Range Mountains”和“mountain”。

可以看出，译者在处理生态文化负载词时，所采用的翻译策略以直译为主，一部分译者会以增加形容词或解释性名词的方式来对缺失的文化信息进行补充，另一部分译者则选用将生态文化意象直接归化为英语国家读者更加熟悉的意象来使译文更加通俗易懂。

文化负载词是中国典籍外译中的重要议题之一，尤其历史悠久、来源于民间的戏曲典籍更是如此。《西厢记》中的文化负载词是我们观照其文本背后的历史文化内涵的小单位，正是从这些小单位中我们才得以窥探和总结不同译者面对原文的态度、翻译的思想和译者的风格等重要因素。经过上文的举例分析，在此将《西厢记》译者所采用的翻译策略加以总结。

首先，当中外文化之间的文化差异不大或者有部分共通之处时，译者可以采用直译和增译的翻译策略，既对字面意思进行翻译，同时通过增加形容词、名词等附加的内容对缺失的文化信息进行补充。这一翻译策略的优点在于传递中国传统文化信息的同时保证了译文的流畅，使读者具有较好的阅读体验。另外，还有加注释的翻译策略，即在译出原文的基础上以脚注、尾注等形式对文化负载词的内涵和来源等内容进行解释，使读者准确充分地理解其背后的文化信息。

其次，当中外文化之间的差异过大时，部分译者也选用了归化的翻译策略，即将原本的中国传统文化特色独有的词汇和表达直接转换成西方读者可以理解的内容。这一策略可以消除文化差异带来的可能存在的表意不明，同时让读者产生熟悉感，追求译文在形式上的美感和可读性、流畅性。译者采用此策略较多。

最后，必须承认文化差异的普遍存在和译者水平、时代背景等因素的限制，译者在翻译系统庞杂的文化信息负载词时存在着部分误译的现象。对于这一现象，我们尽量以客观的眼光去看待。《西厢记》的英译始于20世纪初，当时的世界时常处于比较混乱的状况，加之中国处于比较边缘化的地位，中国文化并没有得到广泛的传播，外国人对中国文化的理解十分有限；当时的外国研究者想要维持一个公正客观的态度去翻译和传播中国文化，而摒弃其意识形态等政治原因的影响是非常艰难的；即使是研究中国文化的学者，除了查阅本国大学和图书馆等地收藏的中国古籍和研究资料以外，与中国学界的交流还不甚频繁，所以许多问题无从考证。这样的情况到20世纪后半叶得到了较好的改善，所以误译的现象也随之减少。

由此可见，在中外文化交流日渐频繁的当前，想要将《西厢记》等戏曲典籍翻译好并且带向世界舞台的中央，必须重视译本中文化信息的传递，最理想的情况是让外国的读者通过文本对中国传统文化具有一定程度的准确认识。首先要做的就是提高译者的水平。众所周知，戏曲典籍是翻译文化中的难中之难，尤其是其文化负载词的种类之多、内涵之丰富，是其他任何一种典籍所不能比拟的。这些文化负载词首先需要的是译者的正确解读，只有先将语内翻译搞好，才能再去谈语际翻译，也才能具备对外传播的可能性。另外，中国现在在世界上已经具有了重要地位，外国人对中国文化的了解也越来越多，而在戏曲典籍中存在的部分表达在英语世界已经拥有了固定的表达，如师父（master）等。对于这些已经固定的表达我们要持续推广，对于部分重要的核心表达我们尽量在不同类型的典籍中统一译法，做到“劲儿往一处使”，以达到较好的传播效果。

余论　对中国戏曲典籍外译的反思与展望

《西厢记》的英译研究至此暂告一段落，然而本研究还未到达终点，正如笔者在绪论中所言，《西厢记》的英语译介作为中国戏曲典籍外译的代表性案例，最终必将把研究带向一个更为宏大的命题：中国戏曲典籍外译的整体现状如何？未来的路应当如何走下去？

当今世界已无法忽视中国在全球经济体系中的重要地位和影响，也对中国这个在过去笼罩在神秘外衣下的国家的了解日益增加。中国在发展经济的同时，也在努力对外传播文化，其中既重要又直接的一环是各类文学作品在海外的翻译和出版。纵观近些年中国文学在海外的表现，已经有不少作品得到了其他国家大众的接纳，更有一些精品之作赢得了海外重量级奖项，获得了主流声音的认可。从中我们可以发现，中国文学作品在海外的传播中，现当代作家的作品是主力军，以莫言、余华和刘慈欣等为代表；在海外产生一定影响力的古典文学作品以儒家哲学经典《论语》和古典小说《西游记》《三国演义》等为主。戏曲与古希腊戏剧、印度梵剧并称为世界三大古典戏剧，而且以其案头舞台并存的文学流传和唱念交织的艺术特色独步于世界文学之林。但是，中国古典戏曲在海外传播取得的成果并不能完全令人满意，同时也存在较大的发展空间。

一、中国戏曲典籍外译的现状和困境

中国戏曲与西方戏剧的发展是两条偶有交集的河流，在东西方文化交流融合、世界各民族文化整合的过程中，中国戏曲已经成为世界戏剧文化的重要组成部分。但是，中西戏剧的交流和碰撞是不对等的。工业革命后，西方戏剧在其强大经济实力和扩张欲望的支撑下逐渐扩散到亚洲，深深地影响了中国戏剧，可以说中国话剧就是在西方戏剧的影响下诞生的。但中国戏曲对外传播的历程却显得颇为艰难，影响力更难以与西方戏剧对中国文化的冲击相提并论。

（一）被动传播：外传起步晚

中国戏曲虽成熟于元代，然而直至近代以前，几乎难寻其向海外传播的踪迹。其中有多方面的原因：首先，客观上的地理原因，中国版图辽阔且周边阻隔，东汪洋大海，西崇山峻岭，北荒原大漠。在戏曲诞生之初交通并不发达的时代，还不具备对外传播的有利条件。其次，主观上的自我封闭是主要原因。自元代诞生之后，戏曲在明清两代走向了辉煌的巅峰，民间宫廷演剧蔚为大观，然而对外传播戏曲的优秀历史机遇却在明王朝的海禁和清王朝的闭关锁国中悄无声息地遗失了。最后，中国戏曲在中国文化史上的地位一向不甚高，尤其过去在士大夫阶层更是末流，甚至近代中国仍有不少知识分子对传统戏曲怀有复杂又矛盾的情感，所以许多具备翻译能力的知识分子首选译作往往不是戏曲。

中国戏曲的对外传播从一开始就是被动的。18 世纪，当中国的文化受到西方各国强烈冲击的时候，中国戏曲西传的大门才被开启。然而这时已经太晚了，更遑论这一行为还是由西方传教士率先展开的，于是在传教士的主观操控、刻意篡改和东西文化的鸿沟面前，中国戏曲开启了崎岖的外传之旅。

中国戏曲对外传播始于法国传教士马若瑟（Joseph de Prémare）将元杂剧《赵氏孤儿》节译为法文，于 1735 年收入《中华帝国全志》，在法国巴黎出版。马若瑟对原文进行了大幅度的改动，其中最主要的是删掉了全部唱词。马若瑟的传教士身份限制了他在文学传递上的忠实和完整，后来在欧洲出现的其他语言译本，多是在马氏译本基础上重译的，其中最著名的是伏尔泰的《中国孤儿》。然而伏尔泰版本的《赵氏孤儿》仅借鉴了原故事梗概，转为由欧洲人以他们自己的演出方式进行舞台表演。究其原因，当时的欧洲人对中国仍停留在对神秘东方的想象和幻想中，对中国有着复杂的态度，认为中国既神秘又落后，就好像是香雾弥漫、披着高贵丝绸的野蛮人，更不要说主动欣赏中国的艺术，尤其是戏曲。连伏尔泰都认为《赵氏孤儿》"只能与 17 世纪英国的戏剧相提并论……之所以被称为悲剧，只是因为堆砌的一些令人难以相信的事件"①。从戏曲诞生至 18 世纪《赵氏孤儿》开始在西方传播，中间隔了 300 多年，这一迟到对中国戏曲在海外的传播历程有着深远的影响。

中国戏曲的外传错过了黄金时期。戏曲从元代的繁荣，经历了明清两代的不断发展，产生了许多地方剧种，各式唱腔在中华大地上遍地唱响，直至 20 世纪仍然是许多地区主要的娱乐方式。虽然中国戏曲在海外的演出早在明代就有记录：明万历年间，福建的戏曲艺人曾在琉球（今日本冲绳）演出，并受到琉球王室的喜爱。但中国戏曲在海外的演出经历是比较匮乏的，而且主要在东亚和东南亚的华人范围内，当时对西方世界的影响可以忽略不计。中国戏曲在本国遍地开花繁荣发展的黄金时期没有主动对外传播，这直接导致了后文将提到的文本先行、演出滞后的发展特点。缺少舞台的戏曲艺术魅力显然大打折扣，加之中外戏剧艺术观念的差异，本就戴着有色眼镜看中国的外国人，将戏曲看作"滑稽""平庸"的艺术形式也就在所难免了。

此外，被动传播限制了传播和影响的范围。现今当我们谈论中国文学在海外传播的各类相关话题时，经常被讨论到的一点是要有目的有意识地进行选本，而被动传播会导致戏曲作品的选择充满偶然性和不可预测性。马若瑟选择《赵氏孤儿》进行译介，这其中也许是偶然，也许是个性的选择，我们

---

① Leonard Cabell Pronko. *Theater East and West: Perspectives toward a Total Theater*. Berkeley: University of California Press, 1967, p.37.

不得而知，但因为被动传播而无法主动选择更加优秀、可操作性更强的戏曲作品进行译介，对后来的戏曲传播颇有限制。直至19世纪法国汉学家儒莲凭借其对中国文学和文化的了解，翻译了一批中国戏曲史上最优秀的作品，如《西厢记》等，中国戏曲的对外传播才有所发展。

（二）形式单一：主要为翻译文本形式

许多中国戏曲典籍本身已经成为中国文学作品中的经典，比如《西厢记》《牡丹亭》《桃花扇》等经过几百年观众和读者的检阅，早已证明其脱离舞台而存在于案头的充沛生命力，读者仅通过阅读就能感受到其艺术魅力。与需要走进戏院花几个晚上的时间观看演员表演相比，翻译文本的诞生使西方读者足不出户便能随时感受中国戏曲典籍的无限艺术魅力。但是，戏曲是一门综合的艺术，我们对戏曲典籍外译和传播现状中的形式单一问题应当有客观的认识。

从《赵氏孤儿》的法译本进入西方世界后，在19—20世纪陆续有许多戏曲被翻译成各种语言文字流传于其他国家，如《灰阑记》《窦娥冤》《琵琶记》《长生殿》等。其中戏曲传播主要凭借的是翻译文本，而非演剧，这样的现象背后有着更加深层的原因。

一方面，我们要客观看待戏曲典籍外译中翻译文本先行的现象。任何一个国家的戏剧想向其他国家和地区传播，最先起步的必然是翻译文本。翻译一部戏剧只需要译者就可以完成，可以看作一项简单的文学行为；而上演一部戏剧则需要译者、演员、导演、剧院、经理人等角色的共同参与，是一项复杂的需要多方合作的商业行为。18世纪的欧洲剧作家和观众们对戏剧有着传统而固执的认识，古典主义“三一律”统治着欧洲的剧场，而中国戏曲那样时空穿插、唱白兼备的创作和表演方式很难获得认可，西方各国在经济、政治、军事等方面的强势导致了戏剧观众的傲慢和挑剔，对中国戏曲难以客观看待，更遑论等而视之。所以西方的剧院经理对中国戏曲的兴趣是缺失的，中国的译者和剧团想要绕过西方剧院直接在海外上演的难度可想而知，所以先行传播戏曲典籍的翻译文本既是无奈之举，也是更加简捷高效的途径。

另一方面，海外的剧院虽然对搬演中国戏曲兴趣缺失，但国外译者对翻译中国戏曲却比较热情，原因在于中国戏曲的可操控性和可利用性。在中国典籍外译史上，来华传教士、外交官和戏剧家都曾对各种戏曲作品进行过翻译，然而其动机却各不相同。传教士们使用本国语言翻译中国戏曲首先是他们了解当时中国社会的一种方式，戏曲作品中蕴含着中国古代社会最基础、最民间的价值观、世界观，阅读并翻译戏曲作品可以帮助外国传教士迅速了解中国民间文化；而将戏曲译本传回他们国内主要是为了介绍中国文化，包括风土人情、政治制度、社会观念等方面，这本身也是他国派遣传教士来华的职责之一。而与此完全不同的是西方的戏剧家和学者，他们翻译传播中国戏曲典籍在很大程度上是为了“为我所用”。例如，著名的欧洲启蒙哲学家伏尔泰就曾改编《赵氏孤儿》，并且在法国上演，轰动了整个欧洲，其目的就是通过宣扬中国的道德观念来挑战西方当时普遍存在的野蛮世界观。他曾说：“欧洲的贵族和商人在东方有所发现，总是只知求得财宝，但哲学家则在那里寻得一个道德世界。”由此可见，中国戏曲典籍对于西方人来说具有一定的可操控性，同时出于各自的目的加以利用也可以达到比较理想的效果。

（三）角色缺失：精英个人行为是主力

提及中国戏曲在海外的传播，必须谈到戏曲演出活动。戏曲的本质毕竟是舞台艺术，没有演出的戏曲不是真正的戏曲。过去中国戏曲在海外的演出历程是一片晦暗不明的天空，几颗繁星在其中就显得格外耀眼。

梅兰芳访美可以说是中国戏曲首次主动对外进行演剧传播的标志。1930年1月，梅兰芳率领剧团赴美演出。在此之前，美国人几乎没有见过真正的中国戏曲，尤其是优秀戏曲表演，他们对中国戏曲的认识仍停留在想象之中，或者将中国戏曲等同于他们在唐人街所见过的广东戏。[1]梅兰芳在美国百老汇的演出获得了巨大成功，不同于过去流散戏班在他国的演出，他向西方世界呈现的是中国最一流的戏曲表演。不仅如此，他还凭借一人之力将中国戏曲艺术带到世界最高艺术殿堂，让西方的观众和批评家重新看待戏曲这门中国古老的艺术，将戏曲和古希腊戏剧、莎士比亚时代的戏剧相提并论。1934年初，梅兰芳又访问苏联，演出同样成功，这一次访问对中苏两国的戏剧和文化交流产生了重大影响。梅兰芳的演出极大地触动了弗谢沃洛德·梅耶荷德（Vsevolod Meyerhold），“梅兰芳博士的剧团在我们这里出现，其意义远比我们设想的更为深远”[2]。不仅如此，他还深深地影响了布莱希特戏剧学派的形成。

1934年，熊式一翻译并执导的戏曲《王宝川》在英国演出大获成功。首场演出即造成了极大轰动，之后此剧连演三年900多场，几乎场场爆满，在当时的英国俨然成了中国戏曲的代表。1935年在美国百老汇演出，美国剧坛同样为之轰动。与讲述王宝钏故事的京剧《红鬃烈马》相比，熊式一对原剧本改动较大，比如删去了薛平贵的另一位妻子，语言上也多有增删，这其中有与西方文化的和解，但更多的是对中国戏曲进行取其精华去其糟粕的主动筛选。当时英国对中国人的认识停留在吸鸦片、裹小脚和三妻四妾等等文化糟粕上，“中国人”这三个字就是野蛮粗暴、原始愚昧的代名词。熊式一改编的舞台剧《王宝川》不仅传播了中国戏曲，更是为中国正名，为中国文化正名。

自此之后，中国戏曲在海外的演出从未中断，以各类艺术团体、校园组织为主体。1955年，张云溪、张春华等演员组成的中国艺术团在巴黎参加第

① 齐如山：《梅兰芳游美记》，岳麓书社1985年版，第127页。

② 拉尔斯·克莱贝尔格（整理）：《艺术的强大动力（1935年苏联艺术家讨论梅兰芳艺术记录）》（李小蒸译），《中华戏曲》第14辑，山西古籍出版社1993年版，第6页。

二届国际戏剧节，让法国人大开眼界；19 世纪 60 年代斯科特（A. C. Scott）的《蝴蝶梦》在百老汇造成巨大轰动；2007 年白先勇先生将昆曲《牡丹亭》改为青春版《牡丹亭》，重新适应现代舞台和观众，在国内外均获得了成功，观者众多，影响力巨大。除此之外，真正撼动西方世界的戏曲表演比较少见。

二、对中国戏曲典籍外译的建议

（一）传统与现代：正确处理戏曲典籍外译中的核心矛盾

纵观历史不难发现，西方人认识中国是一个认识、纠正、重新认识、再纠正的反复曲折的过程，其背后的主要原因是中西经济文化实力的较量和不断调整。19 世纪是中国历史上最为屈辱的时期之一，当时中国饱受侵略和压迫，西方人从 18 世纪对中国的美好幻想中清醒过来，看到了一个政治腐朽、经济落后、文化保守的古老国家，对中国文化的态度一落千丈，充满了不屑；20 世纪随着两次世界大战，各国的实力都遭受重创，而中国则在世界战争中赢得了较高的声誉，同时随着 20 世纪 70 年代后的改革开放，经济逐渐腾飞，在世界上的位置也越来越靠近中心，所以 20 世纪西方人对中国文化的态度逐渐回暖，从感兴趣到主动了解再到主动传播。但这些已经成为历史，随着戏曲作品产生的时代距离我们越来越远，新时期我们面临的不再是中西国家实力不均衡带来的文化地位上的轻重之分，而是面临着更加严峻的困境：应该如何处理中国戏曲中蕴含的文化上的传统和现代之间的矛盾？

中国戏曲典籍作为中国传统文化的代表，其中蕴含和体现的文化信息、世界观、价值观等内核与世界文化的现代化趋势之间必然存在着冲突。戏曲典籍诞生在封建社会，是中国古代社会发展的一个阶段，自然与现代社会观念存在着冲突。以《西厢记》为例，张生和崔莺莺的爱情故事虽然在当时已经具有了极大的时代超前性，但故事内核以现代人的眼光来看是比较简约的，而二者从相爱到结合似乎也是自然而然，这样的矛盾与现代社会不断发展和变迁的爱情、贞操观念是紧密相连的。在这样的矛盾冲突下，如果想要强行对世界其他国家和地区的人进行戏曲典籍的传播，效果势必是不理想的。

解决之道在于应该努力发掘中国戏曲典籍中永恒的、可以超越时代的文化内核，并对其进行主要宣传。中国传统文化想要在世界文化现代化的进程中长期存在并得到传播，就必须找到可以将中国传统文化和现代社会相结合的中间点，以此为基点进行丰富和扩展，才能产生生生不息的内在动力。中国戏曲典籍之中蕴含着许多普遍的、永恒的文化内容，如中国古代“天人合一”的世界观，尊重土地、尊重大自然的观念，“与人为善”的处世之道等，与现代社会所关注的经济发展与大自然之间的关系，人与人之间日益冷漠疏远的人际关系等重要话题具有较强的关联性，中国戏曲典籍中体现出的与之相关的传统文化成了超越于现代社会的一种永存的文化观念。

（二）多元共存：允许改编，鼓励多种形式译介

纵观中国戏曲典籍外译史，可以看到一个现象是译本被改写、改编的多，原模原样翻译的少。这就证明了戏曲文本是具有巨大的开发潜力的，也存在着多角度多维阐释的可能性。所以在推动中国戏曲典籍外译的过程中，我们要克服作为中国译者和研究者的守旧心理，以开放的心态看待甚至鼓励对戏曲典籍的改编。

一方面，学术界应当以更具文化包容性的态度去审视和批评戏曲典籍外译中存在的改编现象。现有的戏曲典籍外译成果中，有许多译本由外国译者完成，译本形式也呈现出比较多样性的特点，改译本和节译本占很大一部分比例。对译本形式上合理的改编，学术界应当以鼓励、提建议为主，批评为辅，为戏曲典籍翻译工作提供一个更加轻松自由的空间，让译者在翻译工作中可发挥的余地更多，如此才能激发一代又一代译者的翻译热情，使他们投

身到戏曲典籍外译工作中，解决目前后继乏人的尴尬局面。

另一方面，对外国译者、编剧和导演的舞台改编应当给予鼓励。在中西文化交流中经常被讨论的一个问题是西方世界如何看待中国文化，19 世纪的西方蔑视、贬低中国文化，提起中国戏曲时是不屑一顾的态度。但是进入 21 世纪，随着中国国力的崛起，西方人几乎已经不会以蔑视的态度看待中国文化了，但是中国戏曲却走入了另一个尴尬的境地——外国人虽然没有了消极的态度，但是却不感兴趣。这种现象对典籍外译工作是具有危害性的，也会使其陷入非常棘手的困境。举例来说，1999 年美国导演塞勒斯（Peter Sellars）将《牡丹亭》改编为“歌剧、话剧、昆曲”三合一版的舞台演出，同时配以后现代的舞台效果，将《牡丹亭》推向了世界各大艺术节，在海外产生了巨大的反响。但是此版本的《牡丹亭》在国内的声音却是批评大过赞誉，主要批评的是其作为美国导演对中国戏曲既随意又大胆的改编。所以在此我们不得不思考一个问题：在外国人对中国戏曲不闻不问和自由改编创作之间，我们究竟该选择哪个？我想答案应该是后者。首先要让世界对中国戏曲感兴趣，才能进一步去讨论如何做，如果中国戏曲随着在国内的没落也逐渐退出世界舞台，那外译和外传之路可能会更加艰难。

（三）背靠大山：国家扶持，高校参与

进入 21 世纪以后，中国戏曲的外译工作在国家层面得到了前所未有的重视。从国家层面而言，通过了设立科研和出版项目、举办会议、设立奖项等方式鼓励中华典籍和现当代文学作品的外译工作。为了加快中国传统文化的对外输出，实现中国文化走出去的战略目标，我国在 1995 年开始推行“大中华文库”项目工程，这是我国历史上首次全面系统地向世界译介中国典籍，其涵盖了以经、史、子、集为主的重要中国典籍，同时也收录了包括《西厢记》《牡丹亭》在内的戏曲典籍，其作为一股集中性的力量在国外已经产生了一定的影响，是近 20 年来最成功的国家对外宣传活动之一；2004 年国务院新

闻办、新闻出版总署推出“中国图书对外推广计划”，通过资助出版中国的图书和向国外图书馆赠送图书，让世界各国人民更好地了解中国；2009 年，新闻出版总署开启“中国文化著作翻译出版工程”和“经典中国出版工程”；2010 年，国家汉办资助“中国文学海外传播工程”和国家社科基金资助的“中华学术外译项目”等系列的外译活动；2014 年，经国家汉办和北京大学批准而设立的“国际汉学翻译大奖”首次颁出，美国华盛顿大学教授康达维（David R. Knechtges）和北京大学新闻与传播学院教授许渊冲获奖，该奖项旨在推动中国传统典籍与当代国学研究著作外译。

高校和各个研究机构对戏曲典籍的外译工作也发挥了巨大的推动作用。2002 年，“中国英汉语比较研究会”成立了“汉语典籍英译研究”学科组，主要进行中国典籍英译的讨论和研究，并且每年定期举办“全国典籍英译研讨会”；同时国内许多知名高校，如南开大学、苏州大学等陆续开设了典籍翻译方向的课程，并进行了硕、博士招生，这些举措对增加戏曲典籍外译人才储备起到了重要作用。2010 年，北京外国语大学受全国哲学社会科学规划办公室特别委托承担了“中国文化海外传播动态数据库”这一大型项目，具体由北京外国语大学中国海外汉学研究中心实施。该项目也列入了国家“十二五”哲学社会科学发展规划纲要，这是国家社科基金落实国家文化走出去重大战略的一个重要举措。该数据库主要可以分为四大板块：“中国‘走出去’数据库”“世界看中国”“综合分析”“效果评估”，以此对中国文化在海外传播的数据进行收集和分析，总结中国文化向海外传播的基本情况、规律和经验等，是国家推动文化“走出去”的重要数据支撑，此项目于 2013 年成功结项。[①]

20 世纪有不少民间的团体自发组织了戏曲典籍外译或者海外演出的活动，都取得了令人瞩目的成果。尤其是几次重要的海外演出，如梅兰芳访美、

① “中国文化海外传播动态数据库”发布会在京举行 . 2014 年 3 月 31 日 09:14 来源：人民网 - 理论频道 http：//theory.people.com.cn/n/2014/0331/c40531-24779187.html

熊式一的《王宝川》在英国上演等大事件，表明了中国戏曲在海外的市场还十分广阔，也具有很大潜力。民间自发的翻译和演出尚能取得如此瞩目的成就，在国家大力扶持中国典籍外译的今天，如果能合理利用公共资源，无论是译者、研究者还是戏曲从业者都能够在国家提供的更高更大平台上行动起来，戏曲典籍外译的未来必将更加广阔。

参考文献

专著和论文集

[1] Diana Yeh, *The Happy Hsiungs: Performing China And The Struggle For Modernity* [M]. Hong Kong University Press, 2014.

[2] George T. Candlin, *Chinese Fiction* [M]. Chicago: The Open Court Publishing Company, 1898.

[3] Gerard Genette, Lewin, Jane (trans.) *Paratexts: Thresholds of Interpretation* [M]. Cambridge: Cambridge University Press, 1997.

[4] André Lefevere, *Translation, Rewriting and the Manipulation of Literary Fame* [M]. Shanghai: Shanghai Foreign Language Education Press, 2007.

[5] Henry H. Hart. *The West Chamber: A Medieval Drama* [M]. San Francisco: Stanford University Press, 1936.

[6] Herbert A. Giles. *A History of Chinese Literature* [M]. New York and London: D. Appleton and Company, 1924.

[7] Leonard Cabell Pronko. *Theater East and West: Perspectives Toward a Total theater* [M]. Berkeley: University of California Press, 1967.

[8] Liu Wu-chi. *An Introduction to Chinese Literature* [M]. Bloomington and London: Indiana University Press, 1966.

[9] Maria Tymoczko. *Translation in a Postcolonial Context-Early Irish*

Literature in English Translation [M]. Manchester: St. Jerome, 1999.

[10] Nakayama, T. K. & R. T. Halualani. *The Handbook of Critical Intercultural Communication* [M]. New Jersey: Wiley-Blackwell, 2011.

[11] Stephen H. West and Wilt L. Idema. *The Story of the Western Wing* [M]. Berkley: University of California Press, 1995.

[12] Susan Bassnett.The Translation Turn in Cultural Studies [A]. *Constructing Cultures. Essays on Literary Translations* [C]. Sussan Bassnett & André Lefevere (eds.) Clevedon: Multilingual Matters, 1998.

[13] T. C. Lai and S. E. Gamarekian, *The Romance of the Western Chamber* [M]. Hong Kong：Swindon Book Company, 1973.

[14] William Dolby: *A History of Chinese Drama. London* [M]. Paul Elek, 1976; Chinese Theatre: From Its Origins to Present [M]. Edited by Colin Mackerras, University of Hawaii Press, Honolulu. 1983.

[15] Wilt L. Idema. *"Sexuality and Innocence: The Characterization of Oriole in the Hongzhi Edition of the Xixiang Ji,"in Paradoxes of Traditional Chinese Literature* [M]. Hong Kong: The Chinese University Press, 1995.

[16] Wolfreys, J. & R. Robins. *Key Concepts in Literary Theory* [M]. Edinburgh: Edinburgh University Press, 2002.

[17] 白之:《白之比较文学论文集》，徽周等译，湖南文艺出版社 1987 年版。

[18] 陈伟:《西方人眼中的东方戏剧艺术》，上海教育出版社 2004 年版。

[19] 都文伟:《百老汇的中国题材与中国戏曲》，上海三联书店 2002 年版。

[20] 黑格尔:《美学》第三卷（下），商务印书馆 1981 年版。

[21] 蒋星煜:《西厢记研究与欣赏》，上海辞书出版社 2004 年版。

[22] 上海市作家协会编:《上海作家作品双年选（2001—2002）》，上海文艺出版社 2002 年版。

[23] 郭沫若:《沫若文集》卷十，人民文学出版社 1959 年版。

[24] 李安光:《英语世界的元杂剧研究》，中国社会科学出版社 2017 年版。

[25] 李强:《中西戏剧文化交流史》，人民音乐出版社 1998 年版。

[26] 廖七一:《当代西方翻译理论探索》，译林出版社 2000 年版。

[27] 刘宓庆、章艳:《翻译美学教程》，中译出版社 2016 年版。

[28] 麻国钧、祝海威选编:《祝肇年戏曲论文选》，文化艺术出版社 1998 年版。

[29] 梅维恒编:《哥伦比亚中国文学史》，马小悟、张治、刘文楠译，新星出版社 2016 年版。

[30] 孟昭毅:《中国文学翻译史》，北京大学出版社 2005 年版。

[31] 齐如山:《梅兰芳游美记》，岳麓书社 1985 年版。

[32] 钱穆:《中国文化史导论》（修订本），商务印书馆 1994 年版。

[33] 什克洛夫斯基著:《俄国形式主义文论选》，方珊等译，三联书店 1989 年版。

[34] 孙歌、陈燕谷、李逸津:《国外中国古典戏曲研究》，江苏教育出版社 2000 年版。

[35] 孙致礼:《新编英汉翻译教程》（第二版），上海外语教育出版社 2013 年版。

[36] 王宏印:《中国文化典籍英译》，外语教学与研究出版社 2009 年版。

[37] 王季思:《西厢记校注》后记，上海古籍出版社 1954 年版。

[38] 王国维:《王国维学术经典集》，江西人民出版社 1997 年版。

[39] 王丽娜:《中国古典小说戏曲名著在国外》，学林出版社 1988 年版。

[40] 吴毓华:《中国古代戏曲序跋集》，中国戏剧出版社 1990 年版。

[41] 熊式一:《八十回忆》，海豚出版社 2010 年版。

[42] 熊式一:《王宝川》（中英文对照本），商务印书馆 2006 年版。

[43] 谢天振:《译介学导论》，北京大学出版社 2007 年版。

[44] 许明龙:《欧洲十八世纪中国热》，外语教学与研究出版社 2008 年版。

[45] 许渊冲:《追忆逝水年华——从西南联大到巴黎大学》，三联书店 1996 年版。

[46] 许渊冲:《翻译的艺术》，五洲传播出版社 2006 年版。

[47] 许渊冲:《汉英对照唐诗一百五十首》，陕西人民出版社 1984 年版。

[48] 许渊冲: *The Romance of the Western Bower*，湖南人民出版社 2000 年版。

[49] 奚永吉:《文学翻译比较美学》，湖北教育出版社 2001 年版。

[50] 亚里士多德:《诗学》，罗念生译，人民文学出版社 1962 年版。

[51] 周锡山:《金圣叹文艺美学研究》，上海人民出版社 2016 年版。

[52] 朱学勤、王丽娜:《中国与欧洲文化交流志》，上海人民出版社 1998 年版。

[53] 马可·波罗（Polo. M）:《马可波罗行纪》，冯承钧译，江苏文艺出版社 2008 年版。

[54]《中国古代戏曲论著集成》第三集，中国戏剧出版社 2005 年版。

[55]《中国古典戏曲论著集成》(三)，中国戏剧出版社 1998 年版。

期刊论文

[1] David T. Roy. Book Review: The Moon and the Zither: The Story of the Western Wing by Stephen H. West and Wilt L. Idema [J]. *Journal of the American Oriental Society*, Vol. 115, No. 4 (1995).

[2] Elizabeth Wich Mann:《一个美国人对今日中国京剧的看法》,《戏剧报》1986 年 10 月号。

[3] Hsu Wen-Chin. Illustrations of “Romance of the Western Chamber” on Chinese Porcelains: Iconography, Style, and Development [J]. *Ars Orientalis*, Vol.

40 (2011).

[4] J. K. Shryock. Book review: The West Chamber by Henry H. Hart [J] *Journal of the American Oriental Society*, Vol. 57, No. 2 (1937).

[5] Li-li Chen, Out and Inner Forms of Chu-Kung- tiao, with Reference to Pienwen, Tz'u and Vernacular Fiction, *Harvard Journal of Asiatic Studies*, XXX II, 1972: 124-149.

[6] Liu, WU-Chi. Book Review of A History of Chinese Drama by William Dolby [J]. *The China quarterly*, 1977, 71 (Sept.).

[7] Ronal Egan，蒋树勇译:《北美宋金元文学研究》,《北美中古学——研究概述与文献资料》，中华书局 2010 年版。

[8] Sally K. Church. Beyond the Words: Jin Shengtan's Perception of Hidden Meanings in Xixiang ji [J]. *Harvard Journal of Asiatic Studies*, Vol. 59, No. 1 (Jun., 1999).

[9] Sally K. Church. Changing Attitudes Toward Foreigners from Overseas: An Investigation into the Policy of the Ming Emperor Yongle, 1403-1424 [J]. *Nanyang Xuebao (Journal of the South Seas Society)* 56, December.

[10] Sally K. Church. The Giraffe of Bengal. A Medieval Encounter in Ming China [J]. *Medieval History Journal*, Vol. 7, April.

[11] Wilt L. Idema. Banished to Yelang. Li Taibai Putting on a Performance [J].《民宿曲艺》2004 年第 145 期。

[12] 熊式一: *The Romance of the West Chamber (Hsi Hsiang Chi)* [M]. New York and London: Columbia University Press, 1968.

[13] 曹广涛:《传统戏曲英译的翻译规范刍议》,《译林》(学术版)2011 年第 10 期。

[14] 查明建:《文化操纵与利用：意识形态与翻译文学经典的建构》,《中国比较文学》2004 年第 2 期。

[15] 程芸、何博:《英语学界中国古典戏曲研究的新动向(2007—2011)》,《戏曲研究》2012 年第 3 期。

[16] 都文伟:《英语文本中的中国戏曲》,《中华戏曲》1998 年第 1 期。

[17] 费春放:《戏曲演绎西方经典的意义》,《上海戏剧》2010 年第 9 期。

[18] 傅惠生、李林:《典籍英译应注意有意味形式的研究》,《中国外语》2007 年第 5 期。

[19] 耿强:《文学译介与中国文学“走出去”》,《解放军外国语学院学报》2010 年第 5 期。

[20] 高方、许钧:《现状、问题与建议——关于中国文学走出去的思考》,《中国翻译》2010 年第 6 期。

[21] 郭英德:《北美地区中国古典戏曲研究博士学位论文述评 (1998—2008)》,《文艺研究》2009 年第 9 期。

[22] 韩丽霞:《中国古代戏曲的叙事时空》,《艺术百家》2004 年第 2 期。

[23] 黄殿祺:《张彭春和梅兰芳的赴美、访苏》,《中国京剧》1994 年第 6 期。

[24] 黄芳:《〈天下〉月刊素描》,《新文学史料》2011 年第 3 期。

[25] 拉尔斯·克莱贝尔格(整理):《艺术的强大动力(1935 年苏联艺术家讨论梅兰芳艺术记录)》,李小蒸译,《中华戏曲》1993 年第 14 辑。

[26] 李基亚、冯伟年:《论戏剧翻译的原则和途径》,《西北大学学报》(哲学社会科学版)2004 年第 4 期。

[27] 廖奔:《关于名著改编》,《文艺研究》2001 年第 2 期。

[28] 林舒俐、郭英德:《北美地区中国古典戏曲研究博士学位论文提要 (2003—2008)》,《戏曲艺术》2009 年第 2 期。

[29] 刘珺:《中国戏曲对外传播的跨文化障碍》,《戏曲艺术》2010 年第 2 期。

[30] 梁燕丽:《20 世纪西方戏剧理念的嬗变》,《外国文学评论》2008 年

第 4 期。

[31] 潘文国：《中籍外译，此其时也——关于中译外问题的宏观思考》，《杭州师范学院学报》（社会科学版）2007 年第 6 期。

[32] 孙玫：《简论戏曲研究之中西互动》，《戏曲艺术》2007 年第 4 期。

[33] 孟伟根：《论戏剧翻译研究中的主要问题》，《外语教学》2009 年第 3 期。

[34] 王沪宁：《作为国家实力的文化：软权力》，《复旦学报》（社会科学版）1993 年第 3 期。

[35] 汪榕培：《〈牡丹亭〉的英译及传播》，《外国语（上海外国语大学学报）》1999 年第 6 期。

[36] 肖开容：《从京剧到话剧：熊式一英译〈王宝川〉与中国戏剧西传》，《西南大学学报》（社会科学版）2011 年第 3 期。

[37] 谢柏梁：《国际化语境下的中国戏曲》，《艺术百家》2010 年第 1 期。

[38] 曾艳兵：《跨文化视野中的西方经典》，《南京师范大学文学院学报》2007 年第 4 期。

[39] 周云龙：《跨文化戏剧研究：观念与方法》，《福建论坛》（人文社会科学版）2009 年第 4 期。

[40] 朱伟名：《英国学者杜为廉教授访谈录》，《文学遗产》2005 年第 3 期。

古籍文献

[1]〔清〕阮元校勘：《十三经注疏》，上海古籍出版社 1997 年版。

[2] 宋濂：《元史》，中华书局 1976 年版。

[3]〔清〕施国祁：《金源札记及其他二种》（丛书集成初编本），商务印书馆 1939 年版。

[4]〔宋〕郑思孝：《郑菊山先生清隽集附郑所南诗文集》，商务印书馆

1934 年版。

[5]〔宋〕谢枋得:《叠山集》，四部丛刊续编集部。

[6]〔元〕熊梦祥:《析津志辑佚岁纪》，北京古籍出版社 1983 年版。

[7]〔元〕钟嗣成，浦汉明校:《新校录鬼簿正续编》，巴蜀书社 1996 年版。

[8]〔明〕何璧:《北西厢记序·北西厢记》，何璧校刻，明万历丙辰。

[9]〔明〕黄宗羲:《宋元学案》卷九十，《餐斋学案附鲁斋遗书（附录）》，四库备要本。

电子文献

[1]“中国文化海外传播动态数据库”发布会在京举行 [EB/OL]. http://theory.people.com.cn/n/2014/0331/c40531-24779187.html, 2014-03-31.

[2] Maria Tymoczko. *Enlarging Western Translation Theory: Integrating Non-Western Thought about Translation* [EB/OL]. https://www.scribd.com/document/60948775/Tymoczko-Translation-Theory, 2016-12.

后 记

本书是在我博士毕业论文《〈西厢记〉英译研究》基础上完成的成果。几经波折，此研究从选题到落地，最后得以出版，心中感慨万千。《西厢记》历来被认为是中国戏曲最优秀的作品之一，中国戏曲典籍的外译工作和学术研究也早已是时代的召唤。在世界文化多样性发展的大背景下，中国如何保持文化的本土性和独特性，把握文化发展趋势同时传承和发扬传统文化就成了重要的时代课题。于是，我将自己擅长的英语翻译和感兴趣的戏曲研究相结合，最终选定了《西厢记》及其英译作为研究对象。

本书主要围绕《西厢记》的英译研究这一课题完成了以下几个重要工作：首先，本书主要对于《西厢记》的英译本进行了较为全面细致的研究，收集整理了目前所有已出版的《西厢记》英译本，并对这些英译本的译者、出版信息、翻译特色、读者评价和社会影响等内容进行了梳理和分析；其次，梳理了《西厢记》在英语世界流传的历程，对其呈现出的规律和特点进行了总结；再次，对不同英译本中的文化负载词进行了精细的对比分析，从微观上把握了不同英译本的语言特点与译介特色；最后，对中国戏曲典籍外译当前现状进行了反思并进行了展望，提出了一些有助于戏曲典籍外译的建议。同时，不得不承认由于学识有限、时间仓促等原因，本研究并未将有关《西厢记》在英语世界的演出情况纳入研究范畴，不得不说是一个遗憾，未来我会继续朝此方向迈进，希望将《西厢记》的英译研究变得更加生动立体。目前国内关于戏曲典籍外译的相关研究尚处在发展之中，能够参考的文献资料相对较少，我也将在此领域继续耕耘，以期与其他学术同仁共同为戏曲典籍外译工作添砖加瓦。

感谢我的两位导师薛耀文教授和亢西民教授，他们是我学术研究的领路人和人生导师；感谢一路以来帮助过我的领导、导师、同学、同事，从选题到资料收集、文献翻译、修改论文等阶段都曾给予了巨大的帮助，令我终生难忘；感谢中国戏剧出版社的张霞老师，为出版此书付出了诸多辛苦。最后，由于本人学识有限，不足之处在所难免，恳请各位专家同行批评指正。

薛婧

2022 年 8 月 1 日